MICHAELA KÜPPER

Entlang der Sieg

W0404475

66 LIEBLINGSPLÄTZE
und 11 Ausflugslokale

MICHAELA KÜPPER

Entlang der Sieg

FÜR AUSFLÜGLER UND WALDWANDERER

GMEINER

Autor und Verlag haben alle Informationen geprüft. Gleichwohl wissen wir, dass sich Gegebenheiten im Verlauf der Zeit ändern, daher erfolgen alle Angaben ohne Gewähr. Sollten Sie Feedback haben, bitte schreiben Sie uns! Über Ihre Rückmeldung zum Buch freuen sich Autor und Verlag: lieblingsplaetze@gmeiner-verlag.de

Besuchen Sie uns im Internet:
www.gmeiner-verlag.de

© 2012 – Gmeiner-Verlag GmbH
Im Ehnried 5, 88605 Meßkirch
Telefon 07575/2095-0
info@gmeiner-verlag.de
Alle Rechte vorbehalten
2., überarbeitete Auflage 2013

Lektorat: Claudia Reinert
Herstellung: Julia Franze
Umschlaggestaltung: U.O.R.G., Lutz Eberle, Stuttgart
unter Verwendung des Fotos ›Freudenberg‹ von Klaus Rose / fotolia.com
Kartendesign: Matthias Schatz
Druck: AZ Druck und Datentechnik GmbH, Kempten
Printed in Germany
ISBN 978-3-8392-1255-4

MITTLERE SIEG

OBERE SIEG

SIE IST LÄNGER ALS GEDACHT

Vorwort

Kennen Sie die Sieg? »Das ist doch der Fluss, der bei Mondorf in den Rhein mündet. Und ein Stückchen stromaufwärts gibt es diese reizende alte Fähre. An Siegburg fließt die Sieg natürlich auch vorbei, das sagt ja schon der Name.« So oder ähnlich lauten die Antworten, die man im Rheinland auf die obige Frage erhält. Manch einer hat sich auch schon bis ins historische ›Stadt Blankenberg‹ vorgewagt, aber was kommt ›dahinter‹? Für viele beginnt hier ein Niemandsland, ein weißer Fleck auf der Landkarte.

Dass die Sieg stolze 156 Kilometer lang ist und im Rothaargebirge entspringt, weiß kaum einer. Ich bildete da keine große Ausnahme – bis meine Familie vor einigen Jahren vom Wohnmobil-Fieber erfasst wurde.

»Lass uns mal an die Sieg fahren«, schlug mein Mann vor. Und das taten wir dann auch. Und taten es wieder. Und wieder. Und waren jedes Mal entzückt über dieses landschaftliche Kleinod, das da so nah unserer Heimat Königswinter im Verborgenen blühte.

Was ist an dieser Landschaft so bezaubernd? Ganz einfach: Sie bietet in ihrer wildromantischen Schönheit Erholung pur. Wer nur wenige Kilometer flussaufwärts reist, fühlt sich plötzlich in eine andere Zeit versetzt oder hat vielmehr das Gefühl, aus der Zeit zu fallen. Ein sehr angenehmes Gefühl.

Was uns erwartet? Ein Flüsschen wie aus dem Bilderbuch, das Wasser so klar und sauber, dass man mit etwas Glück die Lachse springen sieht. Reizende Spazierwege entlang des Ufers wie in Stromberg oder in Dattenfeld.

Fantastische Ausblicke auf das Siegtal wie etwa von der Stachelhardt bei Hennef oder dem Alten Stuhl bei Rosbach. Dörfer, in denen die Zeit stehen geblieben zu sein scheint, wie Altwindeck mit seinem pittoresken Heimatmuseum oder wie das Fachwerkstädtchen Freudenberg. Waldeinsamkeit, Tannenduft und das Erlebnis, über dickes Moos zu laufen wie in der Umgebung des Druidensteins bei Herkersdorf.

Für urbane Abwechslung sorgen die lebendige Kreisstadt Siegburg und die Universitätsstadt Siegen, die beispielsweise mit dem als ›Museum des Jahres 2011‹ ausgezeichneten Museum für Gegenwartskunst aufwarten kann.

All diese Lieblingsplätze entdeckte ich natürlich nicht auf einmal, sondern ich wagte mich mit der Zeit immer weiter vor. Von meinem Heimatort aus bedeutete das natürlicherweise: Ich reiste stromaufwärts. Diese Vorgehensweise habe ich daher auch im vorliegenden Buch beibehalten. Von der Siegmündung im rheinischen Ballungsraum führt die Reise über den Westerwald und das Bergische Land hin ins Siegerland, wo sie nach ungefähr 156 Kilometern auf dem Jägerhain, dem Quellgebiet der Sieg, endet – aus dieser Perspektive zumindest. Hier und da gibt es kleine Abstecher in den Westerwald, ins Bergische und ins Wildenburger Land.

Neben den landschaftlichen Reizen kennzeichnet die Regionen entlang der Sieg vor allem ihre Vergangenheit: Seit frühester Zeit wurde hier Erz abgebaut und zu Eisen verarbeitet, noch heute treffen wir allerorten auf Zeugnisse dieser historischen Industriekultur. Eine Region, in der schon immer hart gearbeitet wurde. Pomp, Prunk und große Worte passten eher nicht hierher, die Menschen sind bescheiden geblieben. Vielleicht ist auch dies der Grund, weshalb man die Sieg noch immer als ›Geheimtipp‹ bezeichnen kann. Ihre Reize haben sich noch nicht weit herumgesprochen. Das ändert sich gerade, wie man etwa an der wachsenden Beliebtheit des Natursteig Sieg ablesen kann, und Aufmerksamkeit hat das Siegtal allemal verdient.

Dass ich es so intensiv kennenlernen durfte, verdanke ich meinem Mann, der die Anregung gab und zu jeder Tour bereit war, sowie meinen reisefreudigen Söhnen, die mich auf vielen Wegen – und vor allem auch Irrwegen – begleitet und immer Geduld bewahrt haben, auch wenn es manchmal schwer fiel.

Ein besonderer Dank gilt den vielen fleißigen Helfern, denen dieses Buch am Herzen lag und die mich tatkräftig unterstützten. Viele nette Gespräche, Tipps und manch wertvolle Information verdanke ich ihnen. Ich danke natürlich auch all jenen, die mich so herzlich aufgenommen und sich die Zeit genommen haben, mir Rede und Antwort zu stehen.

Besonders erwähnen möchte noch ›meine‹ eifrigen Fotografen, denen ich eine Vielzahl der verwendeten Fotos verdanke. Ihnen ist es gelungen, die Schönheiten der Region ins rechte Licht zu rücken, und wir alle wissen: Ein Bild sagt mehr als tausend Worte.

Liebe Leserin, lieber Leser, lassen sie sich inspirieren, genießen Sie, und dann schauen Sie selbst bald einmal bei den 66 Lieblingsplätzen vorbei!

Unterlauf der Sieg
Siegburg
Michaelsberg → S. 47
Keramikmarkt → S. 49
Stadtmuseum → S. 51
Pumpwerk → S. 53
Weihnachtsmarkt → S. 55
Troisdorf
Bilderbuch-museum → S. 29
Wahner Heide → S. 31
Wahnbachtalsperre → S. 45
Kloster Seligenthal → S. 43
Hennef
Gasthof Sieglinde → S. 57
Mondorf
Siegmündung → S. 17
Café Hafenschlösschen → S. 19
St. Augustin
Buisdorfer Wehr → S. 35
Hennef
Stachelhardt → S. 63
Hennef
Kur-Theater → S. 59
Troisdorf
Aggua → S. 33
Stadt Blankenberg → S. 61
Bonn
Bergheim
Siegaue → S. 21
Siegfähre → S. 25
Zur Siegfähre → S. 27
Bergheim
Fischereimuseum → S. 23

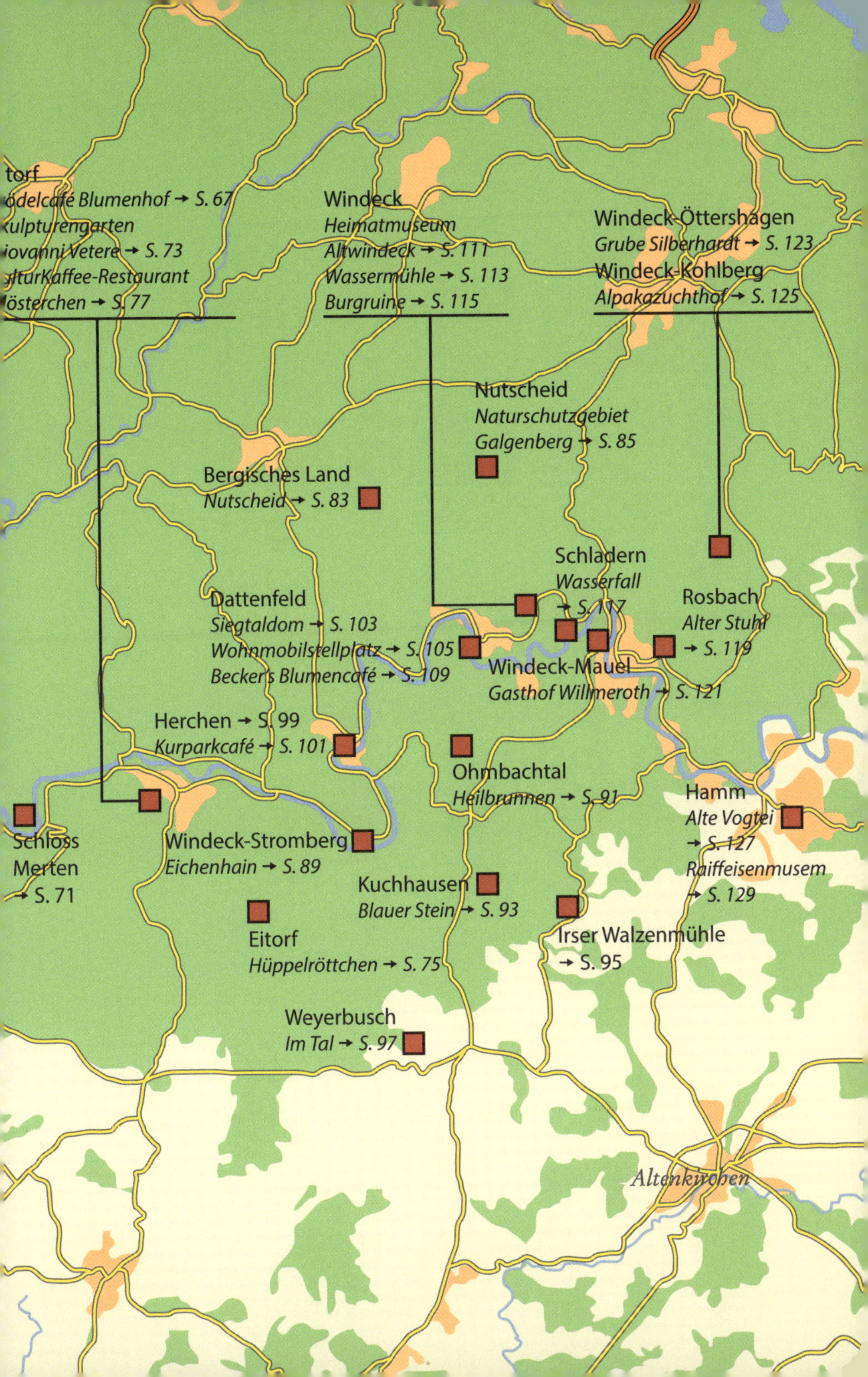
torf
ödelcafé Blumenhof → S. 67
ulpturengarten
iovanni Vetere → S. 73
ulturKaffee-Restaurant
österchen → S. 77
Windeck
Heimatmuseum
Altwindeck → S. 111
Wassermühle → S. 113
Burgruine → S. 115
Windeck-Öttershagen
Grube Silberhardt → S. 123
Windeck-Kohlberg
Alpakazuchthof → S. 125
Nutscheid
Naturschutzgebiet
Galgenberg → S. 85
Bergisches Land
Nutscheid → S. 83
Schladern
Wasserfall
→ S. 117
Rosbach
Alter Stuhl
→ S. 119
Dattenfeld
Siegtaldom → S. 103
Wohnmobilstellplatz → S. 105
Becker's Blumencafé → S. 109
Windeck-Mauel
Gasthof Willmeroth → S. 121
Herchen → S. 99
Kurparkcafé → S. 101
Ohmbachtal
Heilbrunnen → S. 91
Hamm
Alte Vogtei
→ S. 127
Raiffeisenmusem
→ S. 129
Schloss
Merten
→ S. 71
Windeck-Stromberg
Eichenhain → S. 89
Kuchhausen
Blauer Stein → S. 93
Irser Walzenmühle
→ S. 95
Eitorf
Hüppelröttchen → S. 75
Weyerbusch
Im Tal → S. 97
Altenkirchen

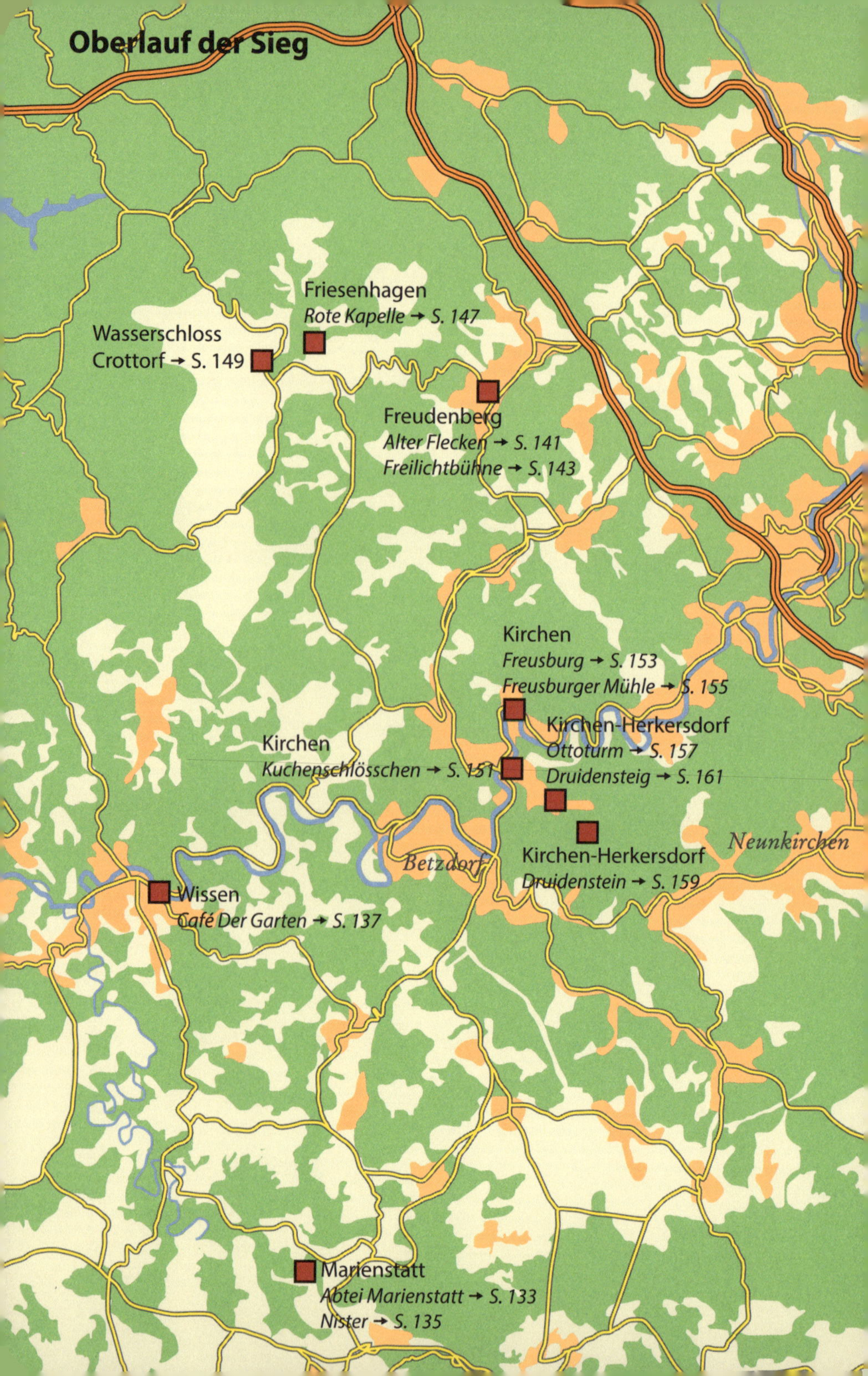
Oberlauf der Sieg
Friesenhagen
Rote Kapelle → S. 147
Wasserschloss
Crottorf → S. 149
Freudenberg
Alter Flecken → S. 141
Freilichtbühne → S. 143
Kirchen
Freusburg → S. 153
Freusburger Mühle → S. 155
Kirchen-Herkersdorf
Ottoturm → S. 157
Druidensteig → S. 161
Kirchen
Kuchenschlösschen → S. 151
Betzdorf
Neunkirchen
Kirchen-Herkersdorf
Druidenstein → S. 159
Wissen
Café Der Garten → S. 137
Marienstatt
Abtei Marienstatt → S. 133
Nister → S. 135

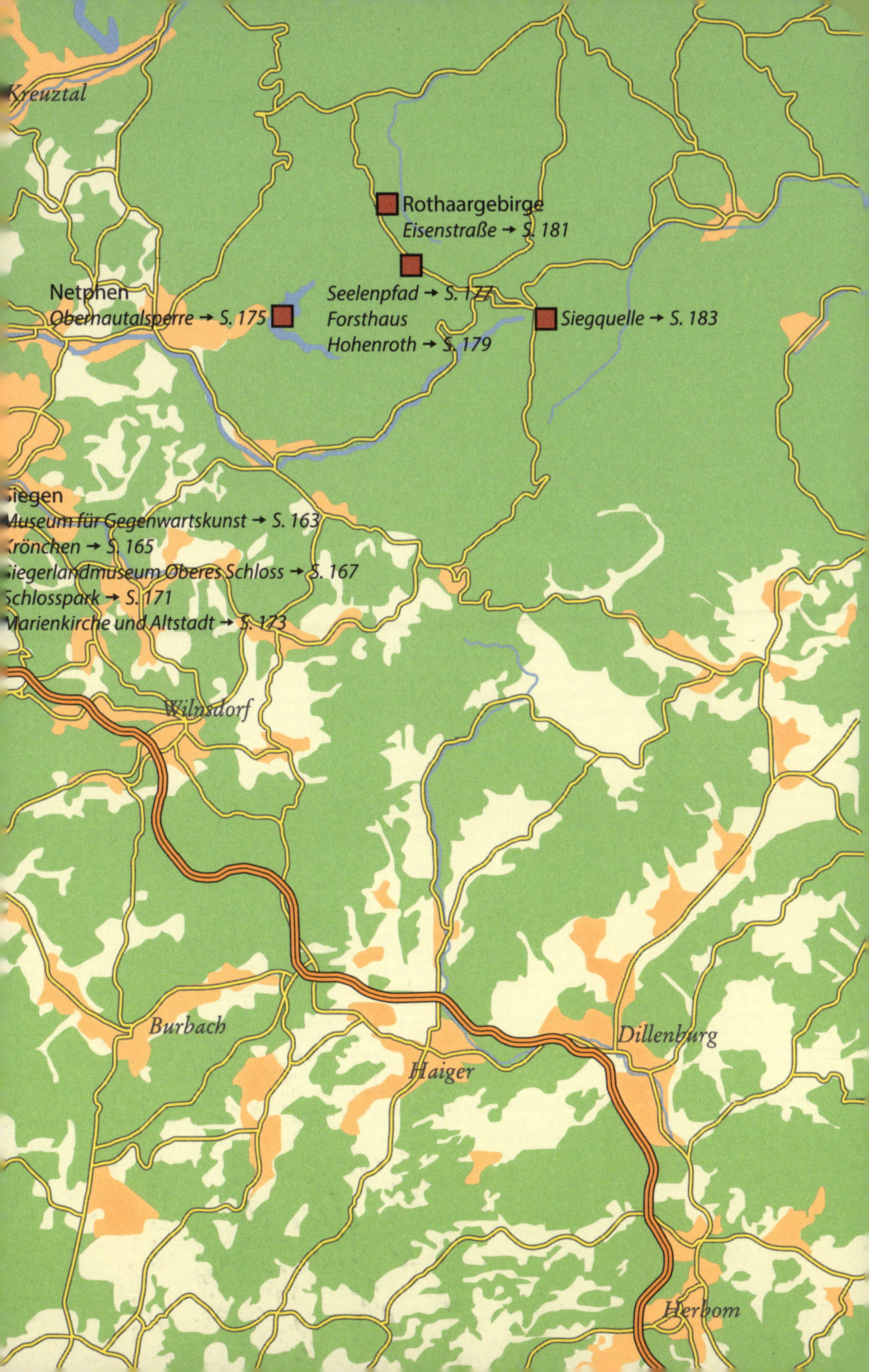
Kreuztal
Rothaargebirge
Eisenstraße → S. 181
Netphen
Obernautalsperre → S. 175
Seelenpfad → S. 177
Forsthaus
Hohenroth → S. 179
Siegquelle → S. 183
Siegen
Museum für Gegenwartskunst → S. 163
Krönchen → S. 165
Siegerlandmuseum Oberes Schloss → S. 167
Schlosspark → S. 171
Marienkirche und Altstadt → S. 173
Wilnsdorf
Burbach
Haiger
Dillenburg
Herborn

UNTERE SIEG

HAFENSTRASSE /// 53859 NIEDERKASSEL-MONDORF ///
WWW.NIEDERKASSEL.DE ///

DIE SCHÖNHEIT VOM LANDE ZIEHT'S IN DIE STÄDTE

Mondorf – Siegmündung

1

Bei Bergheim und Mondorf mündet die Sieg in den Rhein. Die Siegmündung ist eine der letzten naturbelassenen Rheinmündungen überhaupt und steht seit 1986 komplett unter Naturschutz.

An der Mündung trifft die Schönheit vom Lande auf metropoles Flair: Gut eineinhalb Kilometer fließt die Sieg zunächst parallel zum Rhein – fast als ob sie sich etwas zierte.

Die Region im Mündungsgebiet der Sieg zeichnet sich durch vielerlei Vorzüge aus. Köln ist kaum mehr als einen Steinwurf entfernt, die ehemalige Bundeshauptstadt Bonn gegenüber, und das nahe Siebengebirge grüßt am Horizont: viel Wasser, viel Landschaft, viel Urbanität – ein seltenes Zusammenspiel, das die Menschen zu schätzen wissen. Hier ist immer was los. Viel maritime Stimmung besitzt auch der nahe Yachthafen in einem Altarm der Sieg, der als einer der schönsten und modernsten Binnenhäfen des Rheins gilt.

Auf dem Rhein schüren die tuckernden Frachtschiffe Fernweh, die Weiße Flotte sorgt für Urlaubsfeeling, und wer nicht gleich auf große Fahrt gehen möchte, der setzt mit der Mondorfer Fähre über, die der Künstler Josef Hawle so farbenfroh in Szene gesetzt hat. Anschließend vielleicht Einkehr im Hafenschlösschen, und nach Kaffee und Kuchen ein Bummel rund um den Yachthafen, in dem bunte Boote leise schaukelnd vor sich hin träumen. Durch Wiesen und Auenwald geht es weiter über die Landzunge, die südlich von der Sieg begrenzt wird. Hier kann man prima im Sand sitzen, das Glitzern der Sonnenstrahlen auf dem Wasser bewundern und den Möwen beim Zanken zusehen. Seelenwärmend auch das flammende Abendrot, das sich in dieser Region besonders oft zeigt. Auch das milde Klima der Region ist mit seinem Sonnenschein und seinen angenehmen Temperaturen ein Wohlfühlfaktor.

Genießen wir es und wandern weiter flussaufwärts, entlang der Sieg, einer Landschaft voller Überraschungen, Schönheit und geheimem Zauber entgegen!

In Mündungsnähe liegt das Fischereimuseum Bergheim, das einen detaillierten Einblick über das Leben an der Flussmündung gibt.

CAFÉ HAFENSCHLÖSSCHEN /// RHEINALLEE 1 ///
53859 NIEDERKASSEL-MONDORF /// 02 28 / 45 23 47 ///
WWW.HAFENSCHLOESSCHEN.DE ///

EIN SCHLÖSSCHEN ZWISCHEN RHEIN UND SIEG

Mondorf – Café Hafenschlösschen

1/11

Nahe der Siegmündung, unmittelbar am Yachthafen, liegt das Hafenschlösschen. Es ist das Wahrzeichen des Niederkasseler Stadtteils Mondorf und prägt die Silhouette der Rheinpromenade. 1906 erbaut, kann die Villa mit den beiden Türmchen auf eine wechselvolle Geschichte zurückblicken. 1989 erwarb der Architekt Hans Lürenbaum das Anwesen und erweiterte und sanierte es aufwendig zu einem Architekturbüro mit zwei Wohnungen. Seit 2009 führen Daniela und Frank Lürenbaum hier ein reizendes Café.

Einen mehr als 100-jährigen Altbau in Stand zu halten ist nicht einfach und auch finanziell eine Herausforderung. »Das Haus muss uns helfen«, entschied Daniela Lürenbaum pragmatisch. Anfang 2009 überlegte man sich, das Schmuckstück sinnvoll zu nutzen. Und was lag näher, als in diesem wunderbaren Ambiente ein Café einzurichten? Doch zwischen der Idee und ihrer Realisierung lag noch viel Arbeit. Architekt Frank Lürenbaum plante den aufwendigen Um- und Ausbau, die Innengestaltung lag komplett in den Händen seiner Frau. Mit viel Liebe zum Detail und einem wunderbaren Händchen hat Daniela Lürenbaum sehr stilvolle, elegante Räumlichkeiten geschaffen, die dennoch Gemütlichkeit ausstrahlen. Dabei überließ sie nichts dem Zufall. Art und Beschaffenheit der Stuhlpolsterlehnen sind ebenso bedacht ausgewählt wie die schicken, funktionalen Kindersitze oder die ringförmigen Kronleuchter, die sie nach eigenen Plänen von einem Lampenbauer anfertigen ließ.

Kaufmännische Kenntnisse besaß die gelernte Bankangestellte bereits, das notwendige gastronomische Know-How eignete sie sich während eines Praktikums in einer Bäckerei mit Cafébetrieb an. Angeboten wird ganzjährig eine schmackhafte Auswahl an Frühstücken, ein kleiner Mittagstisch sowie ein großes Sortiment an Kuchen und Torten, Eis sowie hochwertige Kaffeevariationen und saisonale Spezialitäten. Doch bei aller Professionalität sind Daniela und Frank Lürenbaum Herzlichkeit und Freundlichkeit gegenüber den Gästen am wichtigsten – und das spürt man.

Café, Laube und Rheinterrasse mit 50 Plätzen sind barrierefrei zugänglich. Fast alle Plätze besitzen einen Blick zum Rhein oder Yachthafen.

BIOLOGISCHE STATION BONN /// 02 28 / 24 95 -79 4 ODER -80 3 ///
WWW.BIOSTATION-BONN.DE ///
ANFAHRT IN DIE SIEGAUEN BEISPIELSWEISE ÜBER NIEDERKASSEL-
MONDORF ODER TROISDORF-BERGHEIM ///

VON EISVOGEL, WENDEHALS UND ZWERGFLEDERMAUS

Siegauen

2

›Frühling lässt sein blaues Band wieder flattern durch die Lüfte. Süße, wohlbekannte Düfte streifen ahnungsvoll das Land …‹ Wer auch die Nachtigall nicht stört und auf den ausgewiesenen Wegen bleibt, wird dazu mit betörendem Gesang belohnt: In den Siegauen geht nicht nur Ornithologen, sondern auch Erholungssuchenden das Herz auf.

Blühende Wiesen und Auenwaldreste, Erlen, Weiden und Pappelhaine kennzeichnen die Landschaft im Mündungsgebiet der Sieg. Sie gilt als eine der letzten naturbelassenen Rheinmündungen und steht komplett unter Naturschutz.

Die vielfältige Auenlandschaft ist ein Vogelparadies und ein ›Trittsteinbiotop‹ für Zugvögel: Rund 140 Arten machen hier Rast. Nachtigall und Graureiher, Wendehals und Dorngrasmücke, Goldammer, Specht und Gartenrotschwanz leben hier, selbst Steinkauz und Pirol wurden schon gesichtet. Auch der Eisvogel lebt hier, jener seltene ›blaue Diamant‹, dem ich an der Sieg allerdings gar nicht so selten begegnet bin. Wer diesen pfeilschnellen Flieger entdecken will, spitzt am besten die Ohren: Sein charakteristisches, scharfes ›Tjiih‹ ist sehr gut zu hören. Aber auch Siebenschläfern, Iltissen und Steinmardern bieten die Siegauen ein Zuhause, ebenso wie zahlreichen Schmetterlingsarten und Fledermäusen.

Durch den Eingriff des Menschen gingen jedoch auch weite Überschwemmungsflächen verloren und werden jetzt in einem groß angelegten Projekt des Landes NRW renaturiert. An manchen Stellen suchte sich die Sieg bereits einen neuen Lauf, es bildeten sich weitere Kiesbänke und Stillgewässer und bis zu acht Meter hohe Abbruchkanten an den Ufern, die wiederum neue Lebensräume entstehen lassen.

Das Naturparadies ist zugleich Naherholungsgebiet mit einem breiten Wegenetz für Wanderer und Radfahrer. Auch Baden und Paddeln ist in der Sieg an dafür vorgesehenen gewässernahen Erholungsbereichen erlaubt. Mit der gebotenen Rücksicht auf Fauna und Flora steht dem Spaß also nichts im Wege.

Die Biologische Station Bonn veranstaltet regelmäßig geführte Wanderungen durch die Siegauen.

FISCHEREIMUSEUM BERGHEIM AN DER SIEG /// NACHTIGALLENWEG 39 ///
53844 TROISDORF /// 02 28 / 94 58 90 17 ///
WWW.FISCHEREIMUSEUM-BERGHEIM-SIEG.DE ///

EIN MUSEUM FÜR EINEN FLUSS UND SEINE MENSCHEN

Bergheim – Fischereimuseum

3

Wer beim Wort ›Fischereimuseum‹ an einen in die Jahre gekommenen, holzvertäfelten Altbau mit einem Sammelsurium angestaubter Exponate denkt, wird im Fischereimuseum Bergheim an der Sieg angenehm überrascht sein: Großzügig, licht und modern präsentiert sich das Gebäude. Hier wird die über 1000-jährige Geschichte des Fischerlebens an der Sieg wieder springlebendig und im wahrsten Sinne des Wortes ›be-greifbar‹.

Einst galt die Sieg als einer der fischreichsten Flüsse Deutschlands. An manchen Tagen seien die Fischernetze so schwer gewesen, dass man sie kaum aus dem Wasser hieven konnte, weiß Gerd Stöcker. Auch der Artenreichtum galt als einmalig: Zander und Hecht, Schleie und Lachs, Karausche, Barsch und Karpfen und viele andere tummelten sich hier. Und dann geht da noch das Gerücht von einem 2,20 Meter langen Wels …

Besondere Bedeutung in der Region hatte der Aalfang, der umfassende Kenntnisse und eine gute Fangtechnik erforderte. Ein historisches Aalfangboot, Aalschokker genannt, liegt heute unterhalb des Museums im Diescholls, einem Altarm der Sieg, vor Anker. Als eines von vier Schiffen gehörte es der Fischerfamilie Mertens, die es durch Schenkung dem Museum vermachte.

Die Geschichte dieser Bergheimer Fischerfamilien lässt sich weit über tausend Jahre zurückverfolgen. Im Laufe der Jahrhunderte schlossen sie sich zu einem zunftähnlichen Verbund zusammen – der Fischerei-Bruderschaft zu Bergheim an der Sieg. Heute, nach 1025 Jahren, zählt sie noch über 300 Mitglieder. Zwar gibt es keinen berufsmäßigen Fischfang mehr, doch die Fischerei-Bruderschaft pflegt weiterhin ihre Traditionen und den Naturschutz. 1987 eröffnete sie am Ufer des Diescholls ein Fischerhaus mit Museum, den Vorgänger des neuen, seit 2010 existierenden Museums, das vom Förderverein des Fischereimuseums betrieben wird und das die Fischereibruderschaft weiterhin ehrenamtlich unterstützt. Dank umfassender Gewässerschutzmaßnahmen tummeln sich auch wieder Lachs und Meerforelle, Zander, Barsch und Aal in der Sieg wie eh und je.

Das Museum bietet ein umfassendes Veranstaltungsprogramm von der Jahreszeitenwanderung bis zum kulinarischen Seminar ›Aus dem Wasser in die Pfanne‹.

SIEGFÄHRE /// ZUR SIEGFÄHRE /// 53844 TROISDORF-BERGHEIM ///

FÄHRMANN, HOL ÜBER

Bergheim – Siegfähre

4

Früher gab es zahlreiche Fährverbindungen an den Ufern der Sieg. Heutzutage ist nur noch eine einzige erhalten geblieben: die Einmann-Gierfähre in Bergheim. Ihr Prinzip ist so simpel wie clever: Angetrieben von der Strömungskraft, gleitet das Boot an einem quer über den Fluss gespannten Drahtseil entlang. Mit einem großen Heckruder wird gesteuert. Bei niedrigem Wasserstand wird mit einer Stake nachgeholfen.

Die Stake in der Hand hat Mathias Mertens, auf dessen Karte schlicht ›Fährmann‹ steht. Der letzte seiner Art, könnte man hinzufügen, denn seine ›St. Adelheid‹ ist die letzte noch betriebene Einmann-Gierfähre Deutschlands. Seit fast 40 Jahren befördert Mathias Mertens Fahrgäste über die Sieg. Früher, bevor die nahe Brücke gebaut wurde, waren es vor allem Handwerker, die er von Troisdorf in den Bonner Stadtbezirk übersetzte. Morgens um 5.30 Uhr ging die erste Fahrt, abends um 22.30 Uhr die letzte; nur bei Hochwasser oder bei schwerem Eisgang, wie zuletzt 1972, blieb die Fähre außer Betrieb.

Heutzutage kommen die Ausflügler mit ihren Fahrrädern. Viele Hochzeitsgesellschaften hat er schon übergesetzt, und immer muss er mit aufs Bild. Auch die Staatsoper von Shanghai hatte er zu Gast und natürlich die Politprominenz, vor allem zu alten Bonner Hauptstadtzeiten, aber auch später: Bundeskanzler Schröder etwa oder Norbert Blüm. Dann war da mal der ›Tag der Nackten‹, eine Horde unbekleideter Menschen, gefolgt von einem Fernsehteam …

Mathias Mertens hat viel zu erzählen. Noch immer ist er jeden Tag hier am Siegufer, trotz seines hohen Alters, und obwohl die Arbeit Kraft erfordert, besonders, wenn bei Niedrigwasser gestakt werden muss. Doch auf der Couch zu liegen, das könnte er sich nicht vorstellen. Der Fluss und die Natur sind sein Leben.

Schon einmal bildete Mathias Mertens das Schlusslicht: Er war der letzte berufsmäßige Aalfischer auf dem Rhein; ›sein‹ Aalschokker liegt heute vor dem Fischereimuseum vor Anker. Als ihn die zunehmende Wasserverschmutzung zum Aufgeben zwang, wurde er Fährmann. Der letzte seiner Art.

Der Aalschokker der Familie Mertens liegt heute vor dem Fischereimuseum Bergheim vor Anker.

GASTSTÄTTE ZUR SIEGFÄHRE /// ZUR SIEGFÄHRE 7 ///
53844 TROISDORF-BERGHEIM /// 02 28 / 47 55 47 /// WWW.SIEGFAEHRE.DE ///

EIN BIERGARTEN MIT FÄHRVERBINDUNG

Bergheim – Zur Siegfähre

2/11

Direkt an der Siegfähre in Troisdorf-Bergheim liegt die gleichnamige Gaststätte. Der große Biergarten mit herrlichem Blick auf den Fluss ist erste Anlaufstelle für Spaziergänger und Radfahrer, die in den Siegauen unterwegs sind. Auch viele Stammgäste aus der Region kommen immer wieder gern in das 1923 erbaute Lokal, das seit 1973 von der Familie Adscheid geführt wird.

Auf einem Grünstreifen zwischen Gaststätte und Flussufer liegt heute die alte dunkelgrüne Gierfähre Sieglinde, die seit Ende der 1940er-Jahre ihre Dienste tat. 2005 wurde sie durch ein neues, größeres Boot mit Aluminiumrumpf ersetzt, doch noch immer ist es etwas Besonderes, im Biergarten oder in den verglasten Innenräumen oberhalb des Flusses zu sitzen und dem Fährbetrieb zuzuschauen.

So schön, so schlicht: Das Interieur des Gasthauses muss ohne großen Schnickschnack auskommen, denn alljährlich im Oktober heißt es einpacken und ausziehen. Dann wird das Gebäude komplett leergeräumt. Fast so sicher wie das Amen in der Kirche ist nämlich das winterliche Hochwasser, das nur einmal ausblieb, seit die Familie Adscheid die Gaststätte im Jahr 1976 übernahm.

Herrscht wieder einmal ›Land unter‹, so steht das Wasser nicht selten bis zum Dach – ein spektakulärer Anblick und immer wieder ein beliebtes Fotomotiv.

In der Konsequenz bedeutet dies für Alexander und Petra Adscheid jedoch alle Jahre wieder, bevor sie im Frühjahr in die neue Saison starten: komplett renovieren und streichen. Die Gastronomen nehmen es mit erstaunlicher Gelassenheit hin. Das Hochwasser gehört eben dazu, dafür genießt man die einmalige Lage. Das sahen bereits Alexander Adscheids Eltern so, die das Lokal zuvor führten. Damals bestand es allerdings nur aus einem überdachten, nach allen Seiten offenen Innenraum. Doch als die Theke an Ostern im Jahr 1975 komplett einschneite, schien die Zeit reif für den Ausbau. Seither können die Gäste auch bei schlechter Witterung den Blick aufs Wasser genießen, ohne selbst nass zu werden.

Das Lokal ist von April bis Oktober geöffnet. Genaue Öffnungs- und Schließungszeiten finden sich im Internet.

KLEBER
BURG WISSEM /// BURGALLEE 1 /// 53840 TROISDORF ///
0 22 41 / 8 84 14 21 ///
WWW.MUSEUM.TROISDORF.DE/BILDERBUCHMUSEUM ///

IN BUNTEN BILDERN WELTEN ENTDECKEN

Troisdorf – Bilderbuchmuseum

5

Inmitten eines Parks mit Wildgehegen und Abenteuerspielplatz liegt idyllisch Burg Wissem. Die langgestreckte, teilweise von einem Wassergraben umgebene Burganlage wurde in der Zeit zwischen dem 16. und dem 19. Jahrhundert errichtet und immer wieder um- und ausgebaut. Das leuchtend rote Herrenhaus mit seinen beiden charakteristischen Türmen entstand um 1840, diente lange Jahre als Rathaus der Stadt Troisdorf und beherbergt seit 1982 das Museum für Bilderbuch- und Illustrationskunst.

Wer noch das Kind in sich spürt oder Kinder hat oder beides, der sollte sich einen Besuch im Bilderbuchmuseum nicht entgehen lassen! Das weltweit größte Janosch-Zentrum mit Originalillustrationen findet sich hier ebenso wie die Rotkäppchen-Dauerausstellung mit über 800 Exponaten. Hinzu kommen vielseitige Wechselausstellungen und ein buntes Veranstaltungsprogramm, etwa Mitmach-Nachmittage für Kinder unter dem Motto ›Achtung, die Hexen kommen!‹ oder die Reihe ›Kunst und Kuchen‹ für die Generation 60+.

»Was macht Ihre Arbeit einzigartig?«, frage ich Dr. Maria Linsmann, die das Museum seit mehr als zwölf Jahren leitet, und die Antworten sprudeln nur so aus ihr heraus. Zunächst einmal sei das Haus einzigartig, erklärt sie. In Europa gebe es keine vergleichbare Einrichtung, ja nicht einmal auf der ganzen Welt, Japan ausgenommen. Als einzigartig empfindet sie aber vor allem die spontane Begeisterung der Besucher. Den Menschen künstlerische Themen nahezubringen, sei immer eine schwierige Aufgabe, nicht jedoch im Bilderbuchmuseum. »Hier gelingt das mühelos, auch bei Leuten, die sonst wenig Zugang zur Kunst haben. Hier ist das Interesse, die Freude sofort da, nicht nur bei den Kindern, sondern auch bei den Erwachsenen. Mit den Illustrationen kann jeder etwas anfangen, jeder hat einen direkten Draht dazu. Und ein einzigartiges Gefühl ist es für mich immer wieder, wenn ich erleben darf, wie Kinder, die nicht unbedingt in einem Haus voller Bücher aufwachsen, ganz überwältigt sind beim Anblick der Bilder, wenn sie spüren, welche Welt sich im Bilderbuch auftut.« In der Tat: Eine beneidenswert einzigartige Arbeit!

Alle zwei Jahre wird der Troisdorfer Bilderbuchpreis im Wechsel mit dem Troisdorfer Bilderbuchstipendium vergeben. Informationen unter der Internetseite des Museums.

STADT TROISDORF /// PORTAL BURG WISSEM /// KÖLNER STRASSE 176 ///
53840 TROISDORF /// 0 22 41 / 90 01 09 /// [redacted]
WWW.WAHNERHEIDE-KOENIGSFORST.DE/PORTAL-WISSEM.PHP ///

ICH HAB' NOCH SAND IN DEN SCHUHEN AUS DER HEIDE ...

Troisdorf – Wahner Heide

6

Zwischen Köln, Rösrath und Troisdorf gelegen, ist die Wahner Heide das zweitgrößte und artenreichste Naturschutzgebiet Nordrhein-Westfalens. Allein 700 gefährdete Tier- und Pflanzenarten sind hier beheimatet. Burg Wissem, die zugleich das Bilderbuchmuseum beherbergt, stellt eines der vier Portale zum Naturschutzgebiet dar. Hier können Besucher sich seit dem Frühjahr 2012 über die Heide informieren oder Ausflüge und Routen planen. Über das Wildgehege nahe der Burg geht es direkt in den südlichen Teil der Wahner Heide.

Wer die Heide im Sommer besucht, könnte sich glatt in mediterranen Gefilden wähnen: Im Schatten eines Baumes döst ein Esel, einen Steinwurf entfernt zockeln seine Artgenossen gemächlich einen sandigen Trampelpfad entlang. Ein Stückchen weiter meckert eine Ziege, man weiß nicht worüber. Vielleicht, weil sich eine andere an der Distel gütlich tut, die sie selbst gern verspeist hätte.

Glanrinder, eine alte Nutztierrasse, die heute selten geworden ist, weiden ebenfalls im ›Geisterbusch‹. Wer Glück hat, bekommt auch die pechschwarzen Wasserbüffel zu Gesicht, die hier seit 2010 beheimatet sind. Während Ziegen, Schafe und Esel das Dornengestrüpp kurz halten, bevorzugen die Rinder Gras, Laub und Heidekraut. Die Büffel hingegen verspeisen mit Vorliebe die ansonsten verschmähten Sauergräser. Außerdem weiden sie in Tümpeln und Gewässern und suhlen sich darin, womit sie verhindern, dass die Sumpfflächen zuwachsen. Dieses Landschaftspflegeprojekt wird vom Flughafen Köln/Bonn unterhalten, der ebenfalls in der Wahner Heide liegt und sich zu Ausgleichsmaßnahmen im benachbarten Naturschutzgebiet verpflichtet hat.

Doch nicht allein die Tiere machen die Heide so anziehend, sondern ihre vielen – oftmals völlig unvermuteten – Gesichter: Hier blühende Heidelandschaften, da Moore und Sümpfe, hier offenes Dünenland, da Teiche, Bäche und Bruchwald. Ein breites Wegenetz lädt dazu ein, diese Landschaft zu erkunden, zu Fuß, mit dem Fahrrad oder gar hoch zu Ross.

Jedes der vier Portale hat einen anderen Schwerpunkt. Burg Wissem legt den Schwerpunkt auf Geschichte(n) der Wahner Heide.

AGGUA TROISDORF /// AGGERDAMM 22 /// 53840 TROISDORF ///
0 22 41 / 9 84 50 /// WWW.AGGUA.DE ///

DAS WOHLFÜHLZENTRUM FÜR KÖRPER UND SINNE

Troisdorf – Aggua

7

Nahe der Stadt Troisdorf mündet die Agger in die Sieg. Unweit der Mündung, direkt am Aggerdamm gelegen, befindet sich das aufregendste Schwimmbad weit und breit. Freibad, Hallenbad, Saunaanlage – das Aggua ist alles in einem, ohne platzmäßig Kompromisse eingehen zu müssen. Gleichgültig, ob man wilde Reifenritte auf der Wasserrutsche bevorzugt, einen Zitrusaufguss in der Dampfsauna genießen oder sich lieber eine Massagedusche im Warmwasserbecken gönnen möchte – hier bleiben keine Wünsche offen.

Viele Jahre lang assoziierte ich das Wort ›Hallenbad‹ automatisch mit Gänsehaut. Fröstelnd dachte ich an den Schulschwimmunterricht in frühester Jugend zurück – rein ins eiskalte Nass mit schlotternden Gliedern, raus dann endlich nach endlosen Bahnen mit klappernden Zähnen und gefrorenen Haarspitzen. Seither war jeglicher Badespaß mit Überdachung für mich tabu – bis ich das Aggua Troisdorf kennenlernte. Das Aggua ist anders, und wer's gern warm hat, sowohl zu Wasser als auch zu Lande, der ist hier genau richtig. Die Lufttemperatur im Hallenbad macht den Bademantel überflüssig, und auch Wasserratten bekommen so schnell garantiert keine blauen Lippen. Wer's noch heißer mag, dem ist die topsanierte Saunaanlage mit originellem Pfahlbau-Saunadorf zu empfehlen. Die Baumhaussauna macht einfach Spaß, und in der Panoramasauna lässt sich die schöne Landschaft am Fluss genießen.

Im Sommer lockt natürlich eher das Freibad mit seinem vielfältigen Angebot und den großzügigen Liegeflächen, doch am liebsten besuche ich das Bad bei trübem Herbst- und Winterwetter. Sich durch den fast körperwarmen Wildwasserkanal treiben zu lassen, wenn es so richtig trist und grau ist und einem womöglich noch ein paar Schneeflocken auf den Kopf rieseln – herrlich.

Sportskanonen können anschließend im Sportbecken etwas für ihre Fitness tun, und auch Eltern mit jüngeren Kindern kommen auf ihre Kosten: Das großzügige Plantschbecken mit Wasserrutsche und Piratenturm bietet Klein und Groß viel Badevergnügen.

Der Aggerdamm lädt zu einem Spaziergang ein. Am Damm befindet sich auch ein toller Indianer-Abenteuerspielplatz (Adresse: Am alten Tor).

FISCHSCHUTZVEREIN SIEGBURG 1910 E. V. AM BUISDORFER WEHR ///
WAHNBACHTALSTRASSE 13 /// 53721 SIEGBURG /// 0 22 41 / 6 51 88 ///
WWW.FISCHSCHUTZVEREIN-SIEGBURG.DE ///

AUF EINEN SPRUNG IN DIE HEIMAT

St. Augustin – Buisdorfer Wehr

8

»Die hat Augen wie ein Lachs«, mokierte sich ein Zeitgenosse einmal über mich. Zu Unrecht, wie mir der prüfende Blick auf einen echten Flossenträger verrät – die Ähnlichkeit ist gleich Null.

Wer echte Lachse springen sehen möchte, braucht nicht nach Kanada zu reisen – ein Besuch am Buisdorfer Wehr tut es auch. Nur die Bären muss man sich dort dazudenken. Doch auch für jene Zeitgenossen, die sich nicht viel aus Fischen machen, lohnt sich ein Ausflug ans Wehr: Es rauscht so romantisch, und ein Stückchen flussabwärts laden breite Strände zum Baden, Faulenzen und Picknicken ein.

Ein bunt schillernder Pfundskerl ist soeben in die Fangkammer der Kontrollstation geraten, doch er hat nichts zu befürchten: Hier wird er nur gezählt, vermessen, markiert, und anschließend wieder freigelassen. Laichreife Tiere werden auch ›abgestreift‹, um die Art in Zuchtstätten besser vermehren zu können.

300 bis 500 Lachse erfassen die Fischwirte des Rheinischen Fischereiverbands ungefähr pro Jahr. Der größte Fang, der ihnen bislang ins Netz ging, war über einen Meter lang und dreizehn Kilo schwer – ein richtiger Oschi, wie man im Rheinland zu sagen pflegt. Aber auch Meerforellen und Standortfischarten wie Barben und Nasen werden hier registriert, um die Bestandsentwicklung im Blick zu haben.

Die Kontrollstation befindet sich am Kopf der Fischaufstiegsanlage des Buisdorfer Wehres. Dieser Fischpass soll den Tieren das Klettern über die Staustufe erleichtern, allerdings schafft so mancher Lachs die drei Meter Höhendifferenz auch ohne Kletterhilfe. Er springt einfach – ein Schauspiel, das alljährlich im Herbst viele Besucher anlockt. Wünschenswert ist dafür ausnahmsweise Regenwetter, denn wenn der Siegpegel steigt, setzen die Tiere zum Sprung an.

Tausende von Kilometern haben sie zurückgelegt, um vom Nordatlantik hierher zu gelangen. Es zieht sie heim in ihre Kinderstube, denn nur hier legen sie ihren Laich ab. Dafür benötigen sie eine gehobene Wasserqualität und naturnahe Gewässerstrukturen – die Sieg bietet beides, und die Lachse danken es ihr.

Wer an einer Führung zur Aufstiegssaison im Herbst teilnehmen möchte, kann sich an den Fischschutzverein Siegburg wenden.

TOURIST-INFOS DER STÄDTE UND GEMEINDEN SIEGBURG, HENNEF, EITORF, WINDECK /// TOURIST-INFO SIEGBURG: 0 22 41 / 9 69 85 33 /// WWW.SIEGTAL.COM ///

99 KILOMETER WANDERSPASS VOM FEINSTEN

Natursteig Sieg

9

Vom Stadtgebiet Siegburg bis hinauf nach Windeck führt der Fernwanderweg Natursteig Sieg, der im Jahr 2011 offiziell eröffnet wurde und gleich zahlreiche Fans fand. Kein Wunder, denn die Strecke kann mit selten schönen Mittelgebirgslandschaften aufwarten und hat auch kulturell einiges zu bieten. In sieben Etappen lassen sich die 99 Kilometer erwandern, und nicht von ungefähr trifft man am Wegesrand auf zahlreiche Lieblingsplätze dieses Buches.

Gut zu Fuß sollte schon sein, wer den Natursteig Sieg erwandern will. Es gibt nur wenige breite Wanderwege oder Asphaltstraßen, und gerade dies macht den Reiz des Steigs aus: Auf schmalen, naturbelassenen Pfaden führt der Steig durch die beeindruckende Landschaft des Siegtals, seiner Seitentäler und über waldreiche Höhenzüge, die fantastische Ausblicke gewähren. Wir schnuppern Bergluft und Waldeinsamkeit, genießen das malerische Flusstal und entdecken Burgen, Klöster und idyllische Ortschaften wie das historische ›Stadt Blankenberg‹ mit seinen geputzten Fachwerkhäusern.

Der Steig nutzt vielfach historische Wege, die zum Teil erst wieder freigelegt werden mussten, um begangen werden zu können. Und diese verwunschenen Pfade sind es, die es mir so angetan haben: Durch den unmittelbaren Kontakt zur Natur stellt sich schnell ein Gefühl tiefer Verbundenheit ein, die Sinne schärfen sich und genießen, der Geist kommt zur Ruhe, und aller Stress ist bald vergessen.

Stressfrei ist vor allem auch die An- und Abreise, denn eine Besonderheit des Natursteigs ist die hervorragende Anbindung an das öffentliche Schienennetz. Die Trassenführung und Etappeneinteilung ist so gewählt, dass man bequem mit der Bahn über die Siegtalstrecke an- und abreisen kann. So fährt die S-Bahnlinie 12 von Düren über Köln ins Gebiet des Natursteigs Sieg, und zwar im Halbstundentakt, teilweise sogar öfter! Auch der Rhein-Sieg-Express von Aachen über Köln nach Siegen kann für die Anfahrt zu den Etappenpunkten genutzt werden. So kommt jeder Besucher auch ganz entspannt wieder zu Hause an.

Zum Natursteig Sieg gehören 16 Erlebnis-Rundwege von einer Länge zwischen 5 und 25 Kilometern.

WEIT MEHR ALS EIN TRAMPELPFAD

Der Natursteig Sieg – eine Erfolgsgeschichte

Noch so jung und schon so erfolgreich, möchte man angesichts der Beliebtheit des Natursteigs Sieg sagen, der erst im Jahr 2011 offiziell eröffnet wurde. Doch zum Erfolgsrezept gehören mehr als landschaftliche Reize und die gute Anbindung ans öffentliche Nahverkehrsnetz – das zeigt sich deutlich, wenn man einmal hinter die Kulissen eines solchen Projekts schaut.

Einen ›Trampelpfad‹ durch Wald und Wiesen anzulegen, kann doch nicht so schwer sein. Einer geht los und sucht die schönste Strecke aus, dann kommen ein paar Helfer, legen den Weg an und kleben die Schilder, der Rest ist gute Werbung. So dachte ich – und lag total daneben, wie mir im Gespräch mit den Projektverantwortlichen schnell klar wird. Denn auch inmitten schönster Natur treffen wir auf eine Vielzahl von Interessengruppen, Besitzverhältnissen, Auflagen und so weiter.

Es sind nicht allein die Wanderer als Gäste, die für einen Fernwanderweg gewonnen werden müssen, sondern zunächst einmal die Gastgeber: Waldeigentümer, Landwirte, Vereine, Gastronomen, die Jägerschaft, die Anrainer, die für den Naturschutz zuständigen Behörden und, und, und.

Stehen nicht alle gemeinsam hinter einem solchen Projekt, so ist es schnell zum Scheitern verurteilt, erklärt Brigitte Kohlhaas, die Projektleiterin. Oder es gibt später immer wieder Störfeuer in Form einstweiliger Verfügungen oder dergleichen.

»Die Bedenken des Bürgers müssen ernst genommen werden«, lautete folglich ihr erster Grundsatz, seit die Idee des Natursteigs im Jahre 2006 ins Leben gerufen wurde. Und Vorbehalte gegen das Projekt ›vom grünen Tisch‹ gab es reichlich. Ihre vornehmste Aufgabe sah die diplomierte Geografin darin, Überzeugungsarbeit zu leisten, und so verbrachte sie unzählige Stunden in abendlichen Vereinssitzungen, Gremien und Ausschüssen. Die klassische ›Ochsentour‹, wie sie sagt, und ihr Lieblingsausdruck ist in diesem Zusammenhang ›Einzelbeatmung‹. Doch was lange währt, wird endlich gut, die Beharrlichkeit zahlte sich aus: Aus manchem Gegner wurde ein überzeugter Befürworter, und es gelang schließlich immer, einen gemeinsamen Nenner zu finden. Zwar konnte die ursprünglich angedachte Streckenführung nicht in jedem Fall beibehalten werden, aber die Qualität hat dadurch nicht gelitten, denn das zunächst vermeintlich Naheliegende stellte sich häufig nur als die zweitbeste Lösung heraus.

Unverzichtbare Schützenhilfe erhielt Brigitte Kohlhaas stets von ihrem Team. Carmen Döhnert ist für alle Fragen des Marketings zuständig. Als begeisterte Wanderin weiß sie, was der Gast erwartet: gutes Karten- und Informationsmaterial, einen umfassenden Internetauftritt und wanderfreundliche Gastgeber.

Felix Knopp ist der Wegemanager. Er arbeitete die Streckenführung aus, koordinierte die Umsetzung und sorgt für die Instandhaltung. Theorie und Praxis greifen hier eng ineinander, wie der Geograf schnell feststellen musste, und er sagt gern von sich, er sei der einzige Mitarbeiter der Siegburger Kreisverwaltung, der eine Motorsäge als Arbeitsgerät besitzt. ›Selbst ist der Mann‹ heißt es beispielsweise, wenn gefallene Bäume abgeräumt werden müssen oder ›Souvenirjäger‹ mal wieder die schmucken Natursteig-Schildchen haben mitgehen lassen. Es gab Zeiten, da kam er mit dem Montieren gar nicht hinterher. Es folgte eine längere Experimentierphase mit diversen Verschraubungen, Klebern und Sprühfarben. Angesichts einer Streckenlänge von 99 Kilometern keine leichte Aufgabe, doch glücklicherweise ist Felix Knopp Ultramarathonläufer. Auch wenn er amtlich unterwegs ist, schnürt er gern die Joggingschuhe, um schneller voranzukommen. Sollten Sie also einmal einem großen, schlanken Mann begegnen, der mit Siebenmeilenschritten unterwegs ist, könnte das der Wegemanager sein …

Felix Knopp und seine Teamkolleginnen entwickelten schnell den Ehrgeiz, den Natursteig fit für eine Zertifizierung durch den Deutschen Wanderverband zu machen. Ein Prädikatsweg sollte es werden, und hierfür galt es einen langen Kriterienkatalog abzuarbeiten. Entscheidend für eine Qualifizierung sind beispielsweise Wegeführung, Beschilderung, landschaftliche Abwechslung, Naturschutzbelange und Verkehrsanbindung, aber auch Faktoren wie natürliche Stille und das Fehlen von Asphalt.

Die passgenaue Umsetzung war ein Kraftakt für alle Beteiligten, doch die Chancen für die Qualifizierung stehen gut. Schon jetzt ist es dem Team allerdings gelungen, ein überaus sehens- und erlebenswertes Ergebnis zu schaffen. Das sehen auch die Wanderer so, wie der Wegemanager daran erkennt, dass die Naturpfade sich prächtig eingelaufen haben und immer weniger von Wildwuchs befreit werden müssen.

Und Menschen, die das geschaffene Angebot auch nutzen, sind wohl das schönste Kompliment für die ›Macher‹ des Natursteigs.

FRANZISKANERKLOSTER SELIGENTHAL /// IM KLOSTERHOF 1 ///
53721 SIEGBURG SELIGENTHAL /// 02241/381170 /// WWW.SIEGBURG.DE

IM TAL DER GLÜCKLICHEN

Kloster Seligenthal

10

›Vallis felix‹ – das glückliche oder auch das selige Tal nannten die Mönche den abgeschiedenen Flecken, an dem sie sich im 13. Jahrhundert niederließen. Aus einer Einsiedelei sollte das erste Franziskanerkloster nördlich der Alpen hervorgehen. Im Zuge der Säkularisierung wurde das Kloster im Jahre 1803 aufgegeben, doch wer die ehemaligen Klosteranlagen besucht, ahnt noch heute, was die Mönche zu ihrer Namenswahl bewogen hat.

Wie ihren Ordensgründer, den Heiligen Franziskus, der den Vögeln predigte, zog es die Mönche in die Einsamkeit der Natur. Im Tal des Wahnbachs, von dichten Wäldern umgeben, fanden sie die Abgeschiedenheit, die sie suchten. Doch so weltabgewandt wie in der Gründungsphase sollte das Klosterleben keineswegs weitergehen: Jahrhundertelang übten die Patres die Seelsorge für die vielen umliegenden Ortschaften aus und unterrichteten in der 1597 in Siegburg gegründeten Lateinschule – dem heutigen Anno-Gymnasium.

Sogar ein Demeritenhaus hat es wohl im Örtchen Seligenthal gegeben, das den Seligenthaler Minoriten per Verordnung zugewiesen worden war. Es handelte sich um ein Priestergefängnis für Geistliche aus dem Raum Siegburg, die mit dem Kirchenrecht in Konflikt geraten waren. Für dessen Unterhaltung hatten die Patres zu sorgen.

Die Legende erzählt, dass sich die Mönche nach ihrem harten Tagwerk gern einen guten Tropfen im Franziskaner-Häuschen oberhalb des Tals gegönnt hätten, zu dem sie auf dem noch heute existierenden Franziskanerweg gelangt seien. Aus dem Häuschen der Franziskaner wurde im Laufe der Zeit das ›Franzhäuschen‹, ein noch heute existierendes Hotel mit Restaurantbetrieb.

Der gute Tropfen speiste sich damals aus heimischen Quellen. Fast überall im Siegtal wurde Wein angebaut, da er im Mittelalter zum alltäglichen Bedarf gehörte, Transporte aus südlicheren Gefilden hingegen gefährlich und teuer waren. Die Qualität galt allerdings als weniger berauschend. Qualität wird heute dagegen im ›Tal der Glücklichen‹ großgeschrieben: Heute werden im Klosterhof Seligenthal Hotelgäste mit einer vielfach prämierten Gourmetküche verwöhnt.

Nur 500 Meter entfernt liegt die Wahnbachtalsperre, sodass sich ein Besuch von Tal und Talsperre wunderbar verbinden lassen.

WAHNBACHTALSPERRENVERBAND /// SIEGELSKNIPPEN ///
53721 SIEGBURG /// 0 22 41 / 12 80 /// WWW.WAHNBACH.DE ///

WASSERSCHUTZ DURCH TECHNOLOGIE UND UMSICHT

Wahnbachtalsperre

11

Die Wahnbachtalsperre östlich von Siegburg beliefert seit rund 50 Jahren die Regionen Bonn, Rhein-Sieg und Ahrweiler mit Trinkwasser. Der Wahnbachtalsperrenverband, der die Talsperre betreibt, hat sich durch seine innovativen Entwicklungen weltweit einen Namen gemacht. Die Talsperre liegt in einem der landschaftlich schönsten Waldgebiete der Region und ist ein beliebtes Ausflugsziel. Gebadet werden darf hier aufgrund der Wasserschutzbestimmungen nicht. Ein Besuch lohnt trotzdem zu jeder Jahreszeit.

Wenn im Sommer der Wasserpegel stark sinkt, fallen innerhalb des Stausees plötzlich einige alte Brücken trocken und bieten ein seltsam anmutendes Bild. Dennoch ist in dem zwischen Agger- und Bröltal gelegenen Wahnbachtal nicht gerade eine blühende Zivilisation versunken, als man es in den 50er-Jahren des letzten Jahrhunderts flutete. Gerade einmal 20 Menschen lebten hier. Noch in den 1920er Jahren galt das Tal als nahezu unzugänglich, ein Naturparadies ›fast ohne Weg und Steg und nur dem Jäger und Fischer bekannt‹, wie der damalige Bürgermeister Schmitz-Mancy aus Neunkirchen vermerkte.

Ein Naturparadies ist die Talsperre noch heute – wenn auch ein von Menschenhand geformtes. Aus der natürlichen Ressource Wasser wird hier Trinkwasser gewonnen, das den Durst von nahezu 800.000 Menschen stillt. Die Wahnbachtalsperre war die erste weltweit, die das zufließende Wasser reinigte, um es vor den Auswirkungen von Überdüngung zu schützen. Das Vorschalten einer Phosphor-Eliminierungsanlage verbessert die Qualität des entnommenen Wassers nachhaltig. Ebenfalls eine vom Wahnbachtalsperrenverband entwickelte Innovation und Weltneuheit ist die Ultraschallbehandlung, ein schonendes Reinigungsverfahren, durch das der Einsatz von Chlor und anderen Chemikalien vermieden werden kann. Das Ergebnis ist Trinkwasser von höchster Qualität.

Die Talsperre kann in einer Tageswanderung umrundet werden – auf dem zum Natursteig Sieg gehörigen, 23 Kilometer langen Erlebnis-Rundweg wähnt man sich wie in Skandinavien.

Ein guter Ausgangspunkt für Wanderungen ist der Parkplatz an der Wahnbachtalsperre in Siegburg-Seligenthal.

STADT SIEGBURG /// TOURIST INFORMATION /// EUROPAPLATZ 3 ///
53721 SIEGBURG /// 0 22 41 / 1 94 33 /// WWW.SIEGBURG.DE ///

EIN GUTER TROPFEN UND EINE SCHÖNE AUSSICHT

Siegburg – Michaelsberg

12

Was den Kölnern ihr Dom, ist den Siegburgern der Michaelsberg mit der einstigen Benediktinerabtei. Es war ein Schock, als das Kloster 2011 nach fast 1000-jähriger Geschichte geschlossen wurde; auf ›ihre‹ Mönche verzichten zu müssen, fiel den Menschen sehr schwer. Hinterlassen haben die Benediktiner unter anderem den überregional bekannten Siegburger ›Abtei-Liqueur‹.

Sage und schreibe 20 Seiten umfasst die geheime Rezeptur, die die Mönche über 500 Jahre lang von Kellermeister zu Kellermeister weitergaben. Dann vertrauten sie diese den Gebrüdern Bernd und Rüdiger Kranz an. Nach einem langen Bieterverfahren mit internationalen Interessenten hatten sich die Mönche für die beiden Siegburger entschieden, die den Likör nun weiterhin produzieren und vertreiben. Seine feine gelbe Farbe verdankt er dem Safran, und gesundheitsfördernd ›vom Scheitel bis zur Sohle‹ soll er sein. Außerdem schmeckt cr, und wie! Wer ihn genießen möchte, sollte vielleicht besser vorher schon den Michaelsberg bestiegen haben, denn 40 Höhenmeter können ganz schön steil sein … Doch ein Besuch der mächtigen Barockanlage mit ihrem charakteristischen Kirchturm lohnt allemal.

Die Geschichte der Klosteranlage reicht allerdings viel weiter zurück: Bereits im Jahre 1054 gründete Erzbischof Anno von Köln den Benediktinerorden St. Michael, und seither nannte man den Bergkegel, auf dem die Abtei erbaut wurde, Michaelsberg. Zuvor hieß er Siegberg oder Sygberg, und bereits um das Jahr 800 herum ließen die einst mächtigen Grafen von Auelgau hier eine Burg errichten. Aus jenen Zeiten sind der Hexenturm und das Johannistürmchen mit seinem Wehrgang erhalten geblieben, von dem man eine fantastische Fernsicht auf das Siegtal und das Siebengebirge genießt.

Wem sich die Möglichkeit bietet, der sollte auch den legendären Annoschrein mit seinen wunderbaren Email- und Gussarbeiten besichtigen. Ob der Schrein allerdings in der ehemaligen Abtei verbleiben wird, ist derzeit noch ungewiss.

Von Siegburg aus lässt sich auch ein Abstecher ins nahe Siebengebirge einplanen.

STADT SIEGBURG /// TOURIST INFORMATION /// EUROPAPLATZ 3 ///
53721 SIEGBURG /// 0 22 41 / 1 94 33 /// WWW.SIEGBURG.DE ///

ZWISCHEN TOPF UND TIEGEL

Siegburg – Keramikmarkt

13

Alljährlich am ersten Wochenende im Juli findet auf dem historischen Marktplatz der Kreisstadt der Siegburger Keramikmarkt statt, einer der größten und bekanntesten Töpfermärkte des Rheinlands. Rund hundert Keramiker aus ganz Deutschland finden sich hier ein, um ihre Arbeiten zu präsentieren. Sie knüpfen damit an die Geschichte der Stadt an, die das Töpferhandwerk einst reich und berühmt machte.

Frauke Schlegelmilch setzt auf jahrtausendealte Techniken – schon die alten Griechen nutzten tönerne Salzstreuer in Kugelform wie die ihren. Heute zieren kunstvolle Ornamente die Kugelkappen und lassen sie wie kleine Kunstobjekte erscheinen. Die Keramikmeisterin Denise Stangier setzt auf die Lüstertechnik. Ihre zarten, außen schlicht tönernen Schalen erstrahlen innen in leuchtendem Gold. Auf die Arbeit mit Porzellan hat sich Ursula Dohrmann aus Müs spezialisiert – ihre schlanken Vasen und Gefäße präsentieren sich in edlem Reinweiß. Reine Kunstobjekte sind dagegen die bunten Tiere der Berlinerin Klärchen Kallenbach: Ihre naturalistischen Keramikkäfer könnte man für echt halten.

Aber auch Gebrauchsgeschirr wie die stets beliebte, eher bodenständige Bunzlauer Keramik ist vielfältig vertreten, und einen besonderen Platz nimmt die heimische Töpferkunst ein: Noch heute stellt die Siegburger Töpferei Repliken jener Siegburger Krüge her, die die Stadt einst wohlhabend machten. Der Grund: Siegburger Töpfern war es im 14. Jahrhundert gelungen, erstmals Steinzeug herzustellen, das bald überall gefragt war. Eine zweite Blüte erlebte das Siegburger Töpferhandwerk im 16. Jahrhundert mit der Erfindung der sogenannten Schellen, hochwandiger Trinkgefäße mit kunstvollen Bildeinlagen, die nach ganz Europa geliefert wurden. Zahlreiche Originale dieser Schellen und Krüge lassen sich heute noch im Stadtmuseum bewundern. Wer gern ein gutes Stück mitnehmen möchte, bleibt lieber draußen auf dem Markt – hier findet garantiert jeder Pott sein Deckelchen.

Siegburger Steinzeug findet sich in der Siegburger Töpferei am Nogenter Platz 4.

STADTBETRIEBE SIEGBURG AÖR /// FACHBEREICH STADTMUSEUM ///
MARKT 46 /// 53721 SIEGBURG /// [redacted]
WWW.SIEGBURG.DE/STADT/KULTUR/STADTMUSEUM ///

HÄNSEL UND GRETEL IN SIEGBURG

Siegburg – Stadtmuseum

14

Das heutige Museum hegt eine ganz besondere Beziehung zum berühmtesten Sohn der Stadt, Engelbert Humperdinck: Es ist das Geburtshaus des Komponisten, der hier im Jahre 1854 als Sohn des Gymnasiallehrers Gustav Humperdinck und seiner Ehefrau, der Kantorstochter Gertrud Olivia, geboren wurde. Im Volksmund wird es daher das ›Humperdinckhaus‹ genannt. Über Leben und Werk des Künstlers kann man hier viel erfahren.

Seine Karriere verdankte er ohne Zweifel den Frauen: Erst der Mutter, die sein musikalisches Talent förderte, wo sie nur konnte, und ihm den Weg für eine musikalische Karriere ebnete, dann der Ehefrau, die ihm nach eher glücklosen Jahren zu ersten Erfolgen verhalf, und nicht zuletzt seiner Schwester, die ihn schließlich zu Weltruhm gelangen ließ: Mit ihren quengeligen Bitten presste sie Engelbert Humperdinck ein Kinder-Singspiel ab, dessen Aufführung dem Geburtstag ihres Mannes Glanz verleihen sollte. Den Stoff hatte sie auch gleich ausgesucht: Hänsel und Gretel sollte es sein. Der Bruder machte sich brav an die Arbeit, hätte aber wohl niemals gedacht, damit den Grundstein für eine Oper zu legen, die beispiellosen Ruhm erlangte und noch heute zu einer der meistaufgeführten der Welt zählt.

Was Humperdinck an dem Märchenstoff mit Singspielcharakter jedoch zunehmend faszinierte, war die Möglichkeit, seinem großen, angebeteten Vorbild Richard Wagner musikalisch zu folgen, ohne sich einem direkten Vergleich aussetzen zu müssen. Die Rechnung sollte schließlich aufgehen: Aus dem Singspiel wurde eine Oper, die kein geringerer als Richard Strauß im Weimarer Hoftheater zur Uraufführung brachte. Aufführungen in München, Karlsruhe und Frankfurt folgten, ebenso Hamburg und Berlin. Innerhalb eines Jahres war ›Hänsel und Gretel‹ auf mehr als 50 Bühnen zu Gast, und schließlich ging die Oper um die Welt. Das Libretto schrieb übrigens eine gewisse Adelheid Witte – Engelbert Humperdincks Schwester.

Alljährlich richtet die Stadt Siegburg das über die Region hinaus bekannte Engelbert-Humperdinck-Musikfest aus.

PUMPWERK /// BONNER STRASSE 65 /// 53721 SIEGBURG ///
0 22 41 / 97 14 20 /// WWW.KUNSTVEREIN-RHEINSIEG.DE ///

EIN KELLER FÜR DIE GROSSE KUNST

Siegburg – Pumpwerk

15

In Blickweite des Siegufers am Siegburger Stadtrand liegt das Pumpwerk, ein unauffälliger Industriebau, der, von der Straße her betrachtet, wenig über sein Innenleben verrät. Kein Wunder, denn dieses Innenleben spielt sich vor allem unterirdisch ab. Hier befindet sich das Ausstellungs- und Veranstaltungshaus des Kunstvereins für den Rhein-Sieg-Kreis e. V., dem flächengrößten Kreis in Nordrhein-Westfalen mit über 650.000 Einwohnern.

Seine wahre Größe offenbart das Pumpwerk erst dem, der sich hineinwagt, und dieses Wagnis sollte man unbedingt eingehen: Hier findet Kunst in ganz und gar ungewöhnlichem Rahmen statt.

Über eiserne Treppen geht es zwei Stockwerke hinab in die Unterwelt. Kelleratmosphäre stellt sich allerdings nicht ein, da die Deckenhöhe beträchtlich ist und ein Lichtschacht den Blick nach oben öffnet. Der Charakter eines technischen Zweckbaus wurde bewusst erhalten, denn die weißen Betonflächen und nüchternen Metallkonstruktionen haben ihren besonderen Reiz, und an vielen Stellen entdeckt der Besucher die Relikte der früheren Nutzung. Über 200 Quadratmeter Grundfläche verfügt der Bau, mit einem Mehrfachen an Wandflächen und Raumhöhen zwischen drei und neun Metern – eine ideales Forum für die Bildende Kunst.

In regelmäßigen Abständen präsentiert der Kunstverein hier Bilder namhafter Künstler, Skulpturen, Installationen, Film- und Medienkunst sowie Performances, Design und Architektur, ferner Konzerte von Klassik über Weltmusik bis hin zum Jazz. Auch Theateraufführungen und Tanz finden hier statt sowie Workshops und Kleinkunst. Und an jedem ersten Sonntag im Monat liest Schauspielerin Barbara Teubner Weltliteratur in der Matinee ›Fuchs am Sonntag‹, die Katja Müller-Using mit viel Herzblut und Sachverstand organisiert.

Der Verein hat sich auf die Fahnen geschrieben, Kunst aller Art im Rhein-Sieg-Kreis zu fördern und der Öffentlichkeit zugänglich zu machen. Jeder Gast sei herzlich willkommen, heißt es, und dieses Willkommen darf man im Pumpwerk durchaus wörtlich nehmen!

Angaben zum aktuellen Programm finden sich im Internet. Bitte beachten Sie die Öffnungszeiten.

STADT SIEGBURG /// TOURIST INFORMATION /// EUROPAPLATZ 3 ///
53721 SIEGBURG /// 0 22 41 / 1 94 33 /// WWW.SIEGBURG.DE ///

MIT DEM BÜTTEL DURCHS MITTELALTER

Siegburg – Weihnachtsmarkt

16

Er hat sich weit über die Stadtgrenzen hinaus einen Namen gemacht: der mittelalterliche Weihnachtsmarkt in Siegburg. Bis zu 750.000 Menschen besuchen ihn jährlich, und zu den zehn schönsten Weihnachtsmärkten in Deutschland soll er gehören – was nicht verwundert. Wenn Ende November für drei Wochen die Handwerksleute, Gaukler und Hökerer den historischen Marktplatz in der Siegburger Innenstadt bevölkern, scheint sich das Rad der Geschichte um einige Jahrhunderte zurückzudrehen.

»Wiederum ist ein Jahr vergangen, es naht die stille, dunkle Ziet, doch nit zu Siegburg. Denn allhier wird der Marktplatz, wie all die Jahr zuvor, erstrahlt im Glanz so vieler Lichter. Adventsmarkt sey gehalten.«

Und Markttage sind Festtage, meint Büttel Molinarius, und kündigt dem Volke allerlei Spektakel an. Tatsächlich gibt es eine Menge zu sehen und zu hören: Auf der Bühne spielen Dudelsackbläser auf, der Schmied lässt das Eisen glühen, ein schmucker Gaukler zeigt seine Jonglierkünste und schaut mir dabei so tief in die Augen, dass mich die fliegenden Keulen ganz schwindlig machen. Und wo sich Männer mit hochroten Köpfen bei Minusgraden ihrer Jacken entledigen, wo Kinder sie mit lautstarken Anfeuerungsrufen zu weiteren Höchstleistungen motivieren – da steht das historische Karussell mit Handkurbelantrieb.

Löffelschnitzer, Riemenschneider, Korbflechter, Filzer und Seiler lassen alte Handwerkskünste wieder aufleben, die Märchenmuhme weiß Geschichten, Possenreißer treiben ihren Schabernack, und in den Garküchen wird gebrutzelt und gesotten, was das Zeug hält. Lange Schlangen bilden sich, wenn der Bäcker das Brot aus dem Ofen holt, und der Duft der frischen Brotlaibe mischt sich mit dem von feinem orientalischem Mocca. Wer es zünftiger mag, der erwärmt seine Kehle mit heißem Met.

Wenn die Nacht hereinbricht, werden Fackeln und Öllampen entzündet und tauchen die Zeltstadt in romantisches Licht. Romantisch auch das mittelalterliche Weihnachtskonzert – Höhepunkt und Abschluss des weihnachtlichen Markttreibens.

Der mittelalterliche Markt ist zur Weihnachtszeit täglich von 11 bis 20 Uhr geöffnet. Informationen über das Bühnenprogramm gibt es bei der Tourist Information Siegburg.

GASTHAUS SIEGLINDE /// BRÜCKENWEG 2 /// 53773 HENNEF ///
0 22 42 / 14 59 /// WWW.SIEGLINDE-HENNEF.DE ///

MIT ALTEM CHARME UND FRISCHER LIVEMUSIK

Hennef – Gasthaus Sieglinde

3/11

Keine Frage, die Sieglinde ist eine Institution in Hennef, doch ihr Ruf eilt ihr bis nach Köln und weiter voraus. Die unmittelbar am Siegufer gelegene Gaststätte ist ein beliebtes Ausflugsziel für Motorradfahrer, Radfahrer und Kanuten. Direkt am Haus befindet sich eine Ein- und Ausstiegsstelle für Boote, und in gemütlicher Biergartenatmosphäre endet hier so manche Tour.

Das Haus selbst ist betagt. Mehr als einhundert Jahre hat es garantiert auf dem Buckel, doch wie alt es genau ist, weiß niemand zu sagen, da sämtliche Unterlagen bei einem Brand des städtischen Bauamts vernichtet wurden. Was soll's. Seinem schlichten Charme tut das keinen Abbruch, wie die zahlreichen Gäste bezeugen. In der Sieglinde ist immer was los.

Als sich 1996 die Gelegenheit bot, das Traditionsgasthaus zu übernehmen, griff Markus Rohloff zu. Die Gastronomie liegt ihm einfach im Blut, erzählt er. Schon als Kind stand er im Bonner Lokal seiner Eltern hinter der Theke und zapfte Fanta. Heute steht er nicht nur am Zapfhahn, sondern kocht auch hin und wieder, oder er heckt mit der Hausband Lustige Musikanten ein neues Programm aus.

Im Sommer spielt die Band um Sänger Mirko Bäumer regelmäßig dienstags zum kostenlosen Open-Air-Konzert auf und serviert nicht nur ›Melodien für Millionen‹, sondern auch bestes Entertainment. Anfangs noch mit Guerillamethoden beworben, hat sich die Konzertidee schnell zum Selbstläufer entwickelt. Heute finden sich zu den Auftritten oft mehrere hundert Leute ein, dann wird's eng unter den Kastanienbäumen.

Nicht ganz so voll ist es hingegen, wenn die Bläck Fööss im Konzertsaal aufspielen, denn dort haben nur 130 Leute Platz. Überkommt die Bandmitglieder mal wieder Lust, in intimer Atmosphäre statt in Konzerthallen zu spielen, finden sie sich zum Flüsterkonzert in der Sieglinde ein. Und wenn gerade keine Musik aufspielt? Dann sollte man die argentinischen Steaks probieren, für das Lokal weithin bekannt ist.

Für Informationen über Konzerte, Partys und Events kann per Mail ein Newsletter angefordert werden.

KUR-THEATER HENNEF /// KÖNIGSTRASSE 19 A /// 53773 HENNEF ///
PROGRAMMANSAGE: 0 22 42 / 86 67 27 ///
WWW.KURTHEATERHENNEF.DE ///

MIT DER WICKELTASCHE INS KINO

Hennef – Kur-Theater

17

Wer kleine Kinder hat, kennt das Problem: Kaum ist der Nachwuchs da, heißt es erst einmal Abschied nehmen von Kunst, Kultur und Kino. Für Filmfans gibt es allerdings noch eine andere Möglichkeit, als daheim mit DVD-Player und Riesenbildschirm aufzurüsten: Im ›Wickeltaschenkino‹ im Hennefer Kur-Theater können Eltern ihre Knirpse einfach mitbringen – ein einmaliges Angebot in ganz Nordrhein-Westfalen.

Einmal im Monat an einem Dienstag ist Kino-Zeit: Dann öffnet das Hennefer Kur-Theater seine Pforten speziell für Eltern von Babys und Kleinkindern.

Seit 2006 organisiert Brigitte König mit viel Liebe diese besondere Veranstaltung, die immer wieder einer besonderen Vorbereitung bedarf: Wickeltische müssen aufgebaut, Decken verteilt und Mülleimer bereitgestellt, Kaffee gekocht und Brötchen geschmiert werden, denn im Theater-Bistro gibt es für die Mamas und Papas sogar Frühstück.

Um 10 Uhr geht's dann los: Eltern nehmen mit ihren Babys in dem herrlich nostalgischen Kinosaal Platz, und bei gedämmtem Licht startet der Film. Das Licht bleibt während der Vorführung gedämmt, so können Krabbelmäuse sich bewegen und auch wiedergefunden werden. Bei Windel-Alarm geht man einfach raus ins Foyer und genießt den Film vom Wickeltisch aus weiter. Wenn mal ein Zwerg schreit, ist das auch kein Problem, man ist ja schließlich unter sich. Doch Lärm gibt es meist erstaunlich wenig, ich konnte die Vorführungen immer genießen – und auch das tolle, aktuelle Filmangebot. Hier wird nicht irgendwas gezeigt, sondern sorgfältig ausgewählt: feine Komödien, zum Beispiel. Diese Qualität wissen auch Menschen zu schätzen, die abends nicht mehr gern allein aus dem Haus gehen oder sich einfach nur unterhaltsam den Vormittag vertreiben möchten.

Das ›Wickeltaschenkino‹ wird vom Verein Kur-Theater Hennef betrieben, der neben dem Kino auch ein beeindruckendes Kulturprogramm anbietet: Eine tolle Bereicherung für das kulturelle Leben der Stadt.

Über die Internetseite www.kurtheaterhennef.de gibt es kostenlos einen Newsletter mit dem aktuellen Programm.

PARKPLATZ VOR DEM KATHARINENTURM, ECKE GRAF-HEINRICH-STRASSE/ KAMMBITZE, 53773 HENNEF – STADT BLANKENBERG /// TOURISTINFORMATION STADT HENNEF /// FRANKFURTER STRASSE 97 /// 53773 HENNEF /// 0 22 42 / 1 94 33 /// WWW.STADT-BLANKENBERG.DE /// WWW.HENNEF.DE ///

›SEYD WILLKOMMEN, EDLE HERREN, HOLDE JUNGFERN!‹

Stadt Blankenberg

18

Hoch über der Sieg, auf einst ›blanckem‹ Berge, ließen die Grafen von Sayn im 12. Jahrhundert ihre Burg errichten. Die exponierte Lage erlaubte es ihnen, die Zugänge zum Siegtal, ins Bergische Land, in den Westerwald und in das Siebengebirge zu beherrschen, und so sollte die Burg bald zu den bedeutendsten Festungen des Rheinlands zählen. Noch heute sind die hochmittelalterliche Burganlage und das zugehörige Städtchen bestens erhalten.

›Wandelt durch unser schönes Städtchen und erfreuet Euch an des Ortes schöner Pracht. Ziehet dann in Frieden weiter und tuet kund, was Ihr Herrliches gesehen.‹ So grüßt uns Stadt Blankenberg und verspricht nicht zu viel: Romantische Gassen, geputzte Fachwerkhäuser und ein frisch restauriertes Burggelände mit fantastischer Sicht erwarten uns, dazu öffnet Stadtführerin Waltraud Schlüssel alias Magd Waltraudis eine prall gefüllte Schatzkiste historischer Anekdötchen und Verzällchen. Am Katharinenturm etwa leitet sie die Herkunft des Wortes ›Torschlusspanik‹ sehr anschaulich her, und beim ›Stein des Anstoßes‹ beweist sie uns, dass Verkehrsrowdys und Sonntagsfahrer nicht erst seit Erfindung des Automobils ihr Unwesen treiben. Und wie stets im Leben liegen Dichtung und Wahrheit eng beieinander: Die Geschichte des Ritters Kuno, den uns Magd Waltraudis gleich mitgebracht hat, wurde bereits vor über 100 Jahren erfunden, weiß aber noch heute die kindlichen Zuhörer zu begeistern.

Auch in der dunkleren Jahreszeit hat Stadt Blankenberg einiges zu bieten, denn »wenn die Sonne hinter der Burg versinkt und ihr Schatten Platz macht für die Nacht, hört man von den Zinnen, wie es klingt, wenn der Nachtwächter tönend wacht.« Auf seinem Rundgang durch die mittelalterlichen Gassen freuen sich Nachtwächter Schlüssel und seine Kolleginnen immer über Begleitung und haben viel zu erzählen.

Ein besonderes Erlebnis ist auch der alljährliche mittelalterliche Markt, dem die ›Stadt‹ eine einmalige Kulisse bietet.

☞ Unter dem Motto ›Geschichte erleben‹ werden für Kinder und Erwachsene zahlreiche Führungen zu verschiedenen Themen angeboten.

DELTA-CLUB RHEINLAND E. V. /// HENNEF-BÜLGENAUEL ///
WWW.DELTA-CLUB.DE ///

ABHEBEN UND OBEN BLEIBEN

Hennef – Stachelhardt

19

Nördlich der Sieg, gegenüber des Ortes Bülgenauel, erhebt sich die Stachelhardt, die wegen ihres faszinierenden Ausblicks auf das Siegtal und das Siebengebirge bei Wanderern und Bikern sehr beliebt ist. In 210 Metern Höhe befindet sich außerdem der Startplatz der Drachen- und Gleitschirmflieger des Delta Club Rheinland. Die Auffahrt erfolgt entweder mit dem Auto über Merten oder von dort zu Fuß. Der Aufstieg dauert etwa 45 Minuten. Dort oben trifft man auch Andreas Roßrucker an.

Die Frage »Wann springen Sie denn?« beantwortet er mit einem freundlichen Lächeln. »Wir springen doch nicht, wir fliegen«, schmunzelt er, »und zum Fliegen gehört das Abheben.« Dies ist zugleich ein wesentlicher Unterschied zum Fallschirmspringen. Drachenflieger starten gewöhnlich von einer Rampe, während die Gleitschirmpiloten einen Hang mit Wiese bevorzugen. Beide warten Sie auf passenden Wind von vorn und heben nach einer Anlaufphase wie ein Flugzeug ab. »Sind wir in der Luft, genießen wir es einfach, einen der schönsten Flecken unserer Region auf diese unvergleichliche Weise erleben zu dürfen«, erzählt der erfahrene Gleitschirmflieger. »Wir gleiten durch die Luft, suchen die Aufwinde und bestimmen unsere Richtung mit den Steuerleinen selbst. Und wir freuen uns, wenn wir den Duft von gebratenen Hähnchen oder gemähtem Heu wahrnehmen, denn das ist immer ein gutes Zeichen für aufsteigende Warmluft, die wir in kreisendem Flug zu nutzen versuchen. Wir fliegen so frei wie Vögel, und an schönen Tagen mit guten Bedingungen ist es ein besonders tolles Gefühl, wenn wir mit unseren gefiederten Kollegen in der gleichen Thermik aufdrehen und mit der Natur ›auf Du und Du‹ sind.«

Wie alle Piloten hat sich Andreas den Traum vom Fliegen mit einer fundierten Ausbildung erfüllt. »Die Gerätetechnik ist heute sehr fortgeschritten«, berichtet er, »und wenn man die physikalischen Grenzen und das eigene Können nicht herausfordert, ist unser Flugsport zudem sehr sicher.« Na dann: Ich wünsche allzeit guten Flug, Andreas!

Zuschauer sind immer herzlich willkommen. Wer mehr zum Thema Hängegleiterfliegen wissen will: Unter www.delta-club.de finden sich viele weitere Infos.

UNTER WWW.SIEGTAL.COM FINDET SICH
EINE LISTE ALLER CAMPINGPLÄTZE VOR ORT.

PACK DIE BADEHOSE EIN ... UND VERGISS DIE ISOMATTE NICHT

20

Camping an der Sieg

Näher am Wasser geht's nicht: Bis zum kiesigen Strand sind es nur ein paar Schritte. Allerbeste Lage also – an der Sieg äußerst preiswert zu haben für den, der sein Bett gleich mitbringt. Romantik inbegriffen. Im Siegtal gibt es zahlreiche Gelegenheiten zum Campen, zum Beispiel im Stadtgebiet Hennef oder im Eitorfer Ortsteil Happach. Für Kanuten, Angler, Wanderer oder Badefreunde findet sich immer ein Plätzchen unter freiem Himmel. Zelt aufgebaut, in der Sonne gelegen, abends eine Wurst gegrillt und in den Sternenhimmel geguckt,

Was gibt es Schöneres als ein Camping-Wochenende? Und wer dann gleich nach dem Aufstehen die Wassertemperatur prüfen möchte – an der Sieg kein Problem, denn vielerorts kann man hier direkt am Wasser zelten.

Ein weiterer Vorteil ist die reichlich vorhandene Natur, nicht zu vergessen das Fehlen lärmträchtiger Autobahnen, die sich sonst recht zuverlässig durch die rheinischen Flusstäler ziehen. Familien mit Kindern sind hier gut aufgehoben, Radler finden eine Bleibe für die Nacht, ebenso Kanutengruppen. Das hervorragend ausgebaute Wegenetz lädt außerdem zu ausgedehnten Radtouren ein, beispielsweise zum Mertener Schloss und der Agneskirche, ins historische Stadt Blankenberg oder einfach am Siegufer entlang. Zum Wandern bietet sich der Natursteig Sieg mit seinen Erlebnisschleifen an. Und natürlich lockt der Fluss alle Bötchenfahrer, sofern der Wasserstand hoch genug ist.

Doch das Leben am Wasser ist nicht immer so idyllisch: Die Sieg ist die zahmste und zugleich wildeste Tochter den Rheins, heißt es, und wenn sie aufbegehrt, kann sie gefährlich werden. Herr Halft vom Campingplatz Happach kann Fotos aus dem Jahr 1976 zeigen, als das Wasser 40 Zentimeter pro Stunde stieg. Wohnwagen standen bis zum Dach im Wasser und wurden schließlich von den Fluten weggerissen. Hochwasser sind an der Sieg keine Seltenheit, eines mit solcher Heftigkeit allerdings schon. Campingfreunde haben also nichts zu befürchten.

Das Zelten im Naturschutzgebiet ist ausschließlich auf Campingplätzen erlaubt! Manche sind nur am Wochenende geöffnet. Unbedingt vorher informieren!

DAS TRÖDELCAFÉ – DER BLUMENHOF /// BLUMENHOF 1 ///
53783 EITORF /// 0 22 43 / 84 56 77 /// WWW.DER-BLUMENHOF.DE ///

TRÖDEL UND KUCHEN IM ALTEN KUHSTALL

Eitorf – Trödelcafé Blumenhof

4/11

Hoch über Eitorf findet sich in herrlicher Lage der Blumenhof. Seit einigen Jahren führt Christel Wick in dem ehemaligen Bauernhof das Trödelcafé, dessen Ruf ihm bereits bis nach Köln, Düsseldorf und ins Ruhrgebiet vorausgeeilt ist. Kein Wunder, denn selten kann man so entspannt genießen wie hier.

»Der Mensch kann kein neues Meer entdecken, wenn er nicht bereit ist, bekannte Ufer zu verlassen …«, so dachte Christel Wick, als sie beschloss, dem stillgelegten Kuhstall neues Leben einzuhauchen und ihn zum Caféhaus umzubauen. Ein Wagnis, an dessen Erfolg zunächst niemand glaubte. Umso größer ist der Stolz der Gastronomin, dass sie es ›geschafft‹ hat und so die Herzen vieler Gäste gewinnen konnte.

»Erfolg hat vor allem mit Freundlichkeit und gutem Service zu tun«, sagt sie. »Man muss die Menschen lieben, sonst kann man diesen Job nicht machen.« Auf die individuellen Wünsche ihrer Gäste einzugehen, ist für sie selbstverständlich. Doch sie genießt auch das Vertrauen, das ihr entgegengebracht wird, oft heißt es nur: »Machen Sie mal.« Denn was Christel Wick anpackt, wird schon gut sein. »Herrlich, so flexibel sein zu dürfen«, freut sie sich.

Alle Speisen werden in der Küche selbst hergestellt. Genießen kann man auf der Gartenterrasse oder im großen Garten mit herrlichem Blick. Oder man macht es sich drinnen vor dem Bullerjan-Ofen gemütlich. »Manche kommen zum Frühstück und sind abends noch da«, erzählt die Gastgeberin. »Hier ist es, als käme man nach Hause«, sagen viele. Das dürfte auch am Mobiliar liegen, das vor allem aus Haushaltsauflösungen stammt. Das gediegene Ambiente hat seinen ganz eigenen Charme und wirkt dank der großzügigen, lichtdurchfluteten Räumlichkeiten nicht altbacken. Alles ist liebevoll dekoriert, und überall finden sich Gedichte – eine Leidenschaft der Hausherrin, die ich teile, und so bleibe ich gern ein Weilchen länger …

Im Blumenhof gibt es auch eine Trödel-Scheune. Unbedingt reinschauen!

STADT SIEGBURG /// TOURIST INFORMATION /// EUROPAPLATZ 3 ///
53721 SIEGBURG /// 0 22 41 / 1 94 33 /// WWW.SIEGTAL.COM ///

SIEGTAL PUR – EIN PURES VERGNÜGEN

Siegtalradweg

21

Wer ein gewisses Alter erreicht hat, erinnert sich ohne Zweifel an die autofreien Sonntage während der Ölkrise 1976. Ein Riesenspaß für uns Kinder war es damals, mitten auf den Hauptverkehrsstraßen zu radeln. Wer dieses Gefühl wieder aufleben lassen möchte, sollte ›Siegtal pur‹ nicht verpassen. Alljährlich am ersten Sonntag im Juli heißt es Bahn frei für Radler, Skater und Wanderer. Von Siegburg im Rheinland bis Netphen im Siegerland gehört die Strecke den unmotorisierten Verkehrsteilnehmern. Ein buntes Begleitprogramm gibt es gratis dazu – Volksfeststimmung garantiert.

Wer den Rummel scheut, braucht auf den Spaß trotzdem nicht zu verzichten: Auf einer Strecke von mehr als 120 Kilometern kommt auch bei großem Andrang keine Enge auf. Und der hervorragend ausgebaute Siegtalradweg bietet ohnehin Fahrspaß übers ganze Jahr. Über 60 Kilometer führt er in unmittelbarer Flussnähe durch Auen, Wiesen und Wälder und vorbei an vielen kulturhistorischen Sehenswürdigkeiten. An der Siegmündung bei Troisdorf geht es los, vom Rheinufer aus in Richtung Siegfähre – hier splittet sich der Weg und ist bis Troisdorf auf beiden Seiten befahrbar. Es folgt die Stadt Siegburg mit der Abtei Michaelsberg, weiter geht's entlang des Flussufers in Richtung Hennef. Von dort grüßen bald die Burgruine Blankenberg und das schöne mittelalterliche Städtchen gleichen Namens. Dann folgt Merten mit seinem Schloss und der Agneskirche. Weiter durch Eitorf und ins Windecker Ländchen mit seinen zahlreichen Flussschleifen und dem Siegwasserfall in Schladern, bis der Radweg am Bahnhof Au endet.

Sportlich Ambitionierte kommen ebenso auf ihre Kosten wie Familien – wegen ihres geringen Gefälles ist die Strecke auch für kleinere Kinder und weniger Durchtrainierte etappenweise gut zu schaffen. Ein Riesen-Pluspunkt: Die ideale Anbindung an den öffentlichen Nahverkehr. Die S-Bahnlinie 12 oder die Regionalbahn RE 9 verkehren im Halbstunden-Takt, unter der Woche sogar öfter. Etwa alle fünf Kilometer findet sich ein Haltepunkt – da kann nun wirklich kein Stress aufkommen.

Da während der ›Siegtal pur‹-Veranstaltung auch viele Zufahrtsstraßen weiträumig gesperrt sind, empfiehlt sich in jedem Fall die Anreise mit der Bahn.

TOURISTIK-SERVICE EITORF /// MARKT 1 /// 53783 EITORF ///
0 22 43 / 1 94 33 /// WWW.TOURISTSERVICE-EITORF.DE ///

SCHÖNER WOHNEN IM SCHLOSS

Schloss Merten

22

Mittelalterliche Gemäuer, eine romanische Kirche mit barocker Ausstattung, eine neobarocke Orangerie: Dieses ungewöhnliche architektonische Ensemble, eingebettet in eine 18.000 Quadratmeter große Parkanlage, verdankt Schloss Merten seiner wechselvollen Geschichte: Um 1160 als Augustinerinnenkloster gegründet, war es später adeliges Damenstift, dann Schule, Adelsbesitztum, Familienerholungsheim und Jugendgästehaus. 1990 erwarb die Familie de Schrevel das gesamte Anwesen.

Wer immer davon träumte, in einem Schloss zu wohnen, dessen Wunsch kann im Alter vielleicht noch in Erfüllung gehen: Schloss Merten ist heute ein Seniorenwohnpark, in dem es allerdings eher familiär als hochherrschaftlich zugeht. Ein Besuch sei jedoch schon in jüngeren Jahren empfohlen: Malerisch in einem Talkessel gelegen, liegt das Dorf Merten mit der gleichnamigen ehemaligen Klosteranlage, heute Schloss genannt. Auch das altehrwürdige Unionsgestüt ist in Merten angesiedelt: Auf den weiten Koppeln, die sich bis zur Sieg hinunter erstrecken, sieht man die wunderschönen Tiere grasen.

Der öffentliche Schlosspark lädt zum Flanieren ein, und Sankt Agnes mit ihren Doppeltürmen ist mehr als einen Blick wert. Dann ist da noch die Orangerie, die das kleine Café beherbergt: Auf der großzügigen Terrasse lässt man sich gern den hausgemachten Kuchen schmecken. Und die Bewohner des Seniorenheims freuen sich über jedes neue Gesicht.

Die Offenheit des Anwesens ist Programm, erklärt Patrick de Schrevel, der Juniorchef. So finden im Spiegelsaal regelmäßig öffentliche Konzerte statt, und dann gibt es jedes Jahr das zauberhafte Märchenfest für die Kleinen … Überhaupt hat der Juniorchef viel über das Schloss zu erzählen: Von kaufwütigen Amerikanern zum Beispiel, von einer zwielichtigen Kiezgröße und ihren illustren Plänen, vom Kuppelkeller mit seinem steinernen Gewölbe, in dem während des Zweiten Weltkriegs Teile des Kölner Domschatzes eingelagert waren. Geschichten über Geschichten, natürlich auch über die Bewohner. Eine Lanze brechen möchte Patrick de Schrevel für sie, und der junge Mann selbst ist der beste Beweis dafür, dass die tägliche Konfrontation mit dem Alter nicht trübsinnig machen muss …

Sollte die Kirche verschlossen sein, kann man beim Pfarrer den Schlüssel erbitten. Ein Besuch lohnt!

GALERIE INCONTRO /// ALTE ZIGARRENFABRIK ///
SCHÜMMERICHSTRASSE 1 /// 53783 EITORF ///
0 22 43 / 84 00 86 ODER 0 22 43 / 8 06 97 ///
WWW.GIOVANNI-VETERE.DE /// WWW.GALERIE-INCONTRO.DE ///

VON DER MACHT DER FARBEN UND ANDEREN WAHRHEITEN

Eitorf – Skulpturengarten Giovanni Vetere

23

Ein schmaler Mann mit einem Händedruck, der den Bildhauer verrät, mit ungeheuer wachen Augen, denen man das Alter nicht ansieht, einer, der schneller spricht als manch andere denken können: Das ist der Künstler Giovanni Vetere. Seit er 1989 die Villa Keysers mit der dazugehörigen ehemaligen Zigarrenfabrik erwarb, lebt und arbeitet er in Eitorf. Auf dem weitläufigen Fabrikgelände schuf er einen sehenswerten Skulpturenpark, der öffentlich zugänglich ist.

Vor seinem Schaffensdrang ist nichts sicher: Auf Leinwand wie auf Pappe, auf Schmirgelpapier wie auf Kupferplatten arbeitet er. Er meißelt seine charakteristischen Dreipunktgesichter in Stein, biegt sie in Draht, schnitzt sie gar in Wurzeln und Kartoffeln und haucht ihnen damit Seele ein.

Ein Rastloser ist dieser Giovanni Vetere, unentwegt in Aktion. Leben ist Veränderung, Stillstand der Tod, so sein Credo. Hier drüben werden die Farben hergestellt, erklärt er mir, dort, im kleinsten Eckchen seines riesigen Ateliers, wird gemalt. Schon klatscht er unvermittelt braune Sauce auf ein scheinbar vollendetes Bild. Ich zucke zusammen – aber nein, es handelt sich um eine spezielle, von ihm selbst entwickelte Tinktur, die die unteren Schichten wieder nach oben dringen lässt, denn diese Fresko-Technik ist es, die den Werken ihre ungeheure Leuchtkraft verleiht. Und ihre Schönheit. Veteres Heimat Kalabrien spiegelt sich darin, die Farben, die dort zum Leben gehören: das satte Orange, das Gelb, das Rot, das tiefe Blau. Im Herzen ist er Italiener geblieben, die ›Mamma‹ ist der Kosmos, um dem sich alles dreht, und dieses Motiv greift er immer wieder auf. Doch bei aller Harmonie, dekorativ zu sein, empfindet er als Beleidigung. Nicht Maler, sondern bildender Künstler ist er, ein Philosoph, dessen Aufgabe es ist, die Wahrheit zu sagen, seine eigene Wahrheit: ehrlich, authentisch.

Wie der Mensch Vetere, so seine Werke: frontal, direkt, dem Gegenüber offen zugewandt. Und sie sind – sagte ich es schon? – einfach betörend schön.

Wer den Skulpturenpark besuchen möchte, meldet sich in der Galerie Incontro, deren Wechselausstellungen in stimmungsvollem Ambiente ebenfalls einen Besuch wert sind.

AM WANDERPARKPLATZ MELCHIORWEG (NAHE EITORF-KÄSBERG) DER STRASSE ›ZUM HOHEN SCHADEN‹ BIS ZUR ABKNICKENDEN VORFAHRT-STRASSE FOLGEN, DORT LINKS AM HINWEIS ›WANDERGEBIET HÜPPELRÖTT-CHEN‹ ABBIEGEN. /// 53783 EITORF /// WWW.TOURISTSERVICE-EITORF.DE ///

VON BIENEN UND BÄUMEN

Eitorf – Hüppelröttchen

24

Hüppelröttchen – diesen lustigen Namen trug einst ein Forsthaus, das heute nicht mehr existiert. Nach ihm ist jedoch ein Naherholungsgebiet der Stadt Eitorf benannt, und wo das Haus einst stand, steht jetzt eine Schutzhütte. Das Hüppelröttchen ist Teil der Leuscheid, eines bewaldeten Höhenrückens, der zum Mittelsieg-Bergland gehört. Es liegt nahe des Hohen Schadens, der mit 388 Metern höchsten Erhebung der Leuscheid.

Doch bereits wer den Wanderparkplatz Melchiorweg nahe der Ortschaften Käsberg und Obenroth als Ausgangspunkt der Wanderung erreicht, wähnt sich ziemlich hoch. Das liegt an dem fantastischen Fernblick, den man von hier aus genießt. Über grüne Wiesen und Hügelkuppen hinweg schweift der Blick bis zum Ölberg, dem höchsten Berg des fernen Siebengebirges.

Vom Parkplatz aus führt ein breiter, kinderwagentauglicher Waldweg zum Hüppelröttchen hinauf. Wer nicht schon nach einem knappen Kilometer ankommen, sondern die Fernsicht noch ein wenig genießen will, spaziert nicht auf direktem Wege dorthin, sondern folgt dem Naturlehrpfad. Er erklärt dem Waldbesucher die Bedeutung der Honigbiene für die Erhaltung der Pflanzenarten und zeigt auf, wie der Wald durch die Förderung weiterer Tierarten schadfrei gehalten werden kann. Zwar ist die Beschilderung schon etwas in die Jahre gekommen, aber äußerst informativ. Oder wussten Sie, dass die Honigbiene blütenstet ist, also eine Biene immer nur die Blüten einer Pflanzenart anfliegt? Und die mächtigen Hügel der Waldameise kann man sich auch gleich in natura anschauen. Doch wir waren auf dem Weg zum Hüppelröttchen: Auf einer Hügelkuppe tut sich der Wald auf und wir erreichen herrliche Streuobstwiesen und einen Waldbienenstand, in dem es mächtig brummt. Es gibt eine Grillhütte mit großer Feuerstelle und einen Bolzplatz sowie eine weitere kleinere Schutzhütte, an deren Stelle das Forsthaus stand. Unmittelbar davor steht eine gigantische Linde, unter der man sitzen kann, und auch einen Kräutergarten gibt es. Es wäre einfach schade, sich an einem so schönen Ort nicht zumindest für ein Picknick niederzulassen.

Vom Wanderparkplatz führt ein Weg über den Höhenrücken der Leuscheid bis nach Stromberg an die Sieg (8,4 Kilometer).

KULTURKAFFEE-RESTAURANT KLÖSTERCHEN ///
ASBACHER STRASSE 33 /// 53783 EITORF /// 0 22 43 / 9 49 92 65 ///
WWW.KLOESTERCHEN-EITORF.DE ///

EIN ORT DER BEGEGNUNG GESTERN UND HEUTE

Eitorf – KulturKaffee-Restaurant Klösterchen

5/11

Das markante Backsteingebäude des KulturKaffee-Restaurants Klösterchen blickt bereits auf eine lange Geschichte zurück, unter anderem beherbergte es ein Franziskanerinnenkloster. Die Nonnen leiteten im Haus einen Kindergarten, den einige Gäste des Restaurants besucht haben, und auch die Messen feierten viele noch hier. Schön, dass sich ihre Erinnerungen nicht in der Vergangenheit verlieren, sondern nun in einem anderen Kontext wiederbelebt werden können.

Einen Ort der Begegnung wollten sie schaffen, einen Treffpunkt für Menschen, die etwas bewegen, erzählen Katja und Jürgen Sellge. Als die Räumlichkeiten des Klösterchens frei wurden, ergriff das Paar die Gelegenheit und erfüllte sich diesen Traum.

Wichtig war den frischgebackenen Gastronomen, den ursprünglichen Charakter des ehemaligen Klosters zu erhalten, und glücklicherweise spielte auch der Vermieter mit. So konnten die bunten Kapellenfenster, die Marienfigur und der schöne Mosaikboden nach aufwendiger Restauration erhalten bleiben und schaffen nun ein ganz eigenes, stimmungsvolles Ambiente. Ein Ort, der nicht nur zum Schlemmen und Genießen einlädt, sondern auch kulturellen Veranstaltungen einen schönen Rahmen bietet. In regelmäßigen Abständen finden hier beispielsweise Lesungen, Kabarett und auch Livemusik statt. Wegen der begrenzten Räumlichkeiten wird es zwar meist eng, aber der Stimmung tut das keinen Abbruch, im Gegenteil. Qualität findet eben immer viele Fans.

Qualität schreibt man im Klösterchen auch bei den Speisen groß: Für die ausgewählten Gerichte und saisonalen Angebote werden ausschließlich frische und qualitativ hochwertige Zutaten verwendet, und den Kuchen backt die Chefin noch selbst. Wer einen guten Tropfen bevorzugt, darf aus einer breiten Palette spanischer, italienischer und französischer Weine aus kontrolliert-biologischem Anbau wählen. Und wer seinen Lieblingswein gefunden hat, kann diesen auch bestellen und zu Hause trinken.

Das aktuelle Veranstaltungsprogramm findet sich im Internet.

ALLE ANBIETER VON KANUTOUREN UND BOOTSVERLEIHEN FINDEN SIE UNTER WWW. SIEGTAL.COM. ///

VOM WASSER AUS DIE LANDSCHAFT ERKUNDEN

Von Windeck bis Siegburg – Kanutour

25

Am Wasser ist es schön, keine Frage, aber auf dem Wasser ist es ungleich schöner. Waren wir eben noch Betrachter der Natur, so umarmt sie uns hier regelrecht. Alles tritt zurück, man ist eins mit der Umgebung. Zum Kanufahren ist die Sieg ideal und auch für Einsteiger gut geeignet. Aus Gründen des Gewässerschutzes sind allerdings die vorgeschriebenen Mindest-Wasserstände einzuhalten.

Das Gepäck wasserdicht verstaut, dem Kind die Schwimmweste angelegt, den Einstieg ins Boot geschafft, und jetzt kann es losgehen! Ein Weilchen dauert es noch, bis wir uns darauf geeinigt haben, wer in welche Richtung rudern muss, damit wir uns nicht ständig im Kreis drehen, aber dann klappt es wieder. Wir gleiten lautlos dahin, vorbei an Wiesen und Wäldern, an felsigen Steilhängen und Auwald, dessen herabhängende Äste fast unsere Schultern streifen. Wir sehen Forellen springen, lauschen den Vögeln und betrachten die Spiegelung der Wolken im Wasser. Es ist wunderbar friedlich, bis unser kleiner Sohn meinem Mann plötzlich den Sonnenhut vom Kopf reißt und ihn lachend ins Wasser wirft. Der Versuch, den Hut zu retten, bringt uns fast zum kentern. Aber auch das wäre nicht weiter tragisch, es ist August, es ist heiß, und gleich wollen wir sowieso zur Abkühlung ein Bad nehmen …

Keine Frage, so eine Bootstour ist ein wunderbares Erlebnis und zugleich ein kleines Abenteuer, das in Nullkommanichts aus dem Alltag entführt. Noch dazu kostengünstig und gut zu organisieren.

An der Sieg gibt es mehrere Anbieter von geführten Touren und Kanuvermietungen mit Bootstransportservice. Eine der schönsten Touren führt von Schladern nach Herchen und dauert etwa dreieinhalb Stunden, aber auch längere oder kürzere Touren sind möglich. Nach einer kurzen Einweisung ist jeder fit für eine Bootswanderung. Und wie heißt es bei einem der Anbieter so schön: ›Wir wünschen Ihnen allzeit eine Handbreit Wasser unter dem Kiel und über dem Mindestpegel!‹

☞ Die aktuellen Wasserstände können telefonisch unter 0203/7381651 oder unter www.kanu-nrw.de abgerufen werden.

MITTLERE SIEG

BIOLOGISCHE STATION OBERBERG /// ROTES HAUS ///
SCHLOSS HOMBURG 2 /// 51588 NÜMBRECHT /// 0 22 93 / 9 01 50 ///
WWW.BIOSTATIONOBERBERG.DE ///

WO SICH SCHWARZSTORCH UND WALDKAUZ GUTE NACHT SAGEN

Bergisches Land – Nutscheid

26

So nahe des Ballungsraums Köln-Bonn und doch ›janz weit draußen‹: Das Nutscheid ist noch immer ein echter Geheimtipp. Der bewaldete Höhenrücken im südöstlichen Rheinland misst eine Länge von etwa 20 Kilometern und bildet die Wasserscheide zwischen Bröl und Sieg. Nach Norden hin sanft auslaufend, fällt das Nutscheid in südlicher Richtung zur Sieg hin stellenweise steil ab und ist von charakteristischen Kerbtälern, sogenannten Siefen, durchzogen, die ihm einen urwüchsigen Charakter verleihen. So urteilte auch Graf Beugnot, der napoleonische Gouverneur des Großherzogtums Berg in seinem Tagebuch über das Bergische Land: ›… ein gebirgiges Land, dem es an schönen Eindrücken nicht mangelt, wo aber die Natur einen wilden Anblick bietet.‹ Der wilde Anblick bezog sich indes nicht auf die Natur, sondern auf den Raubbau, den der Mensch damals mit ihr getrieben hatte. ›… nichts als Einöden und Menschen. Was machen sie da und wie können sie dort leben?‹, fragte sich der Graf. Nun, was machten die Menschen dort? Sie bauten Erz ab und schmolzen es zu Eisen. Dafür brauchten sie Holzkohle, für deren Gewinnung sie großflächig die Wälder rodeten. Erst die Einführung einer geregelten Waldnutzung in Form sogenannter Niederwälder brachte eine gewisse Nachhaltigkeit und dauerhaftes Auskommen, so auch im Nutscheid. Um den Höhenrücken wurde schon immer gerungen; schon immer war er Grenzgebiet und trennt noch heute den Oberbergischen und den Rhein-Sieg-Kreis.

Auch die Militärs wussten die exponierte Lage zu nutzen: Während des Zweiten Weltkriegs befanden sich im Nutscheid Abschussrampen für V1-Raketen. Später, während des Kalten Krieges, wurden hier Patriot-Raketen stationiert. Auf dem Höhenkamm bieten sich heute Aussichtspunkte mit fantastischer Fernsicht, und die Wälder haben sich zu wahren Naturparadiesen entwickelt. Das Nutscheid lässt sich wunderbar erwandern oder über den Radwanderweg von Hennef nach Waldbröl mit dem Rad erkunden. Mit etwas Glück bekommt man dabei sogar einen der überaus seltenen Schwarzstörche zu Gesicht, die sich hier angesiedelt haben.

Die Biologische Station Oberberg bietet geführte Exkursionen durch das Naturschutzgebiet Galgenberg an.

BIOLOGISCHE STATION OBERBERG /// ROTES HAUS ///
SCHLOSS HOMBURG 2 /// 51588 NÜMBRECHT /// 0 22 93 / 9 01 50 ///
WWW.BIOSTATIONOBERBERG.DE ///

DER NIEDERWALD – EIN ZEICHEN VON NOT UND NATURSCHUTZ

Nutscheid – Naturschutzgebiet Galgenberg

27

Nadel-, Laub- und Mischwald kennen wir ja, aber Niederwald? Klingt nach ziemlich mickrigem Geäst, was irgendwie auch stimmt – und doch ist er von hohem ökologischem Wert. Niederwälder waren früher im Bergischen Land und an der Sieg weit verbreitet. Ihr typisches Erscheinungsbild verdanken sie einer speziellen Nutzungsform: der Niederwaldwirtschaft. Die lichten Laubforste zeichnen sich durch eine artenreiche Tier- und Pflanzenwelt aus und stellen als Zeugnis traditioneller Waldnutzung auch ein kulturelles Erbe dar.

Genau, kulturell, denn unsere Wälder sind keine Urwälder, sondern werden seit langer Zeit vom Menschen geprägt und genutzt. Entlang der Sieg spielte die Holzgewinnung eine besonders große Rolle, denn die Eisenindustrie hatte einen schier unersättlichen Brennstoffhunger. Ganze Wälder fielen ihr zum Opfer, doch aus den Stümpfen der gefällten Bäume schlugen häufig wieder buschartige neue Stämmchen. Diese wurden in regelmäßigen Abständen ›auf den Stock gesetzt‹, das heißt bis auf die Basis zurückgeschnitten. Das Knüppelholz wurde wiederum verheizt oder zu Holzkohle verarbeitet. Diese Wirtschaftsweise begünstigte Baumarten wie Eiche und Birke. Es entwickelten sich lichte, buschartige Wälder, die zahlreichen Tier- und Pflanzenarten Lebensraum boten, welche viel Licht, Wärme und ein trockenes Klima bevorzugen. Schmetterlinge gehören dazu, und so fühlen sich in den Niederwäldern des Nutscheid etwa das seltene Braune Ordensband, das Kleine Eichenbärchen und das Heidekrauteulchen wohl. Im Zuge der Industrialisierung wurden die Niederwälder allerdings wegen Unrentabilität zunehmend aufgegeben. Außer im Nutscheid finden wir sie zum Beispiel noch im südlichen Rothaargebirge, den Siegener Haubergen.

Die Niederwälder des Naturschutzgebietes Galgenberg bei Waldbröl werden seit Jahrhunderten von der Waldnachbarschaft Bladersbach bewirtschaftet. Hier können wir den Lebensraum Niederwald und die erfolgreiche Arbeit der Waldnachbarschaft auch heute noch kennenlernen.

Die als Naturschutzgebiet ausgewiesenen Flächen können auf öffentlichen Straßen und Wegen betreten werden. Hinweisschilder und Infotafeln geben Erläuterungen.

TOURISTIKVEREIN BERGISCHER RHEIN-SIEG-KREIS E. V. ///
SCHIEFELBUSCH 3 /// 53797 LOHMAR /// 0 22 05 / 8 35 54 ///
WWW.BERGISCH-HOCH-VIER.DE ///

KOFFIEDRENKEN MET ALLEM DRÖM ON DRAAN

Bergisches Land – Bergische Kaffeetafel

28

Als Kind war ich oft auf einem Bauernhof in der Nähe von Waldbröl zu Gast. Dort tischte uns die Bäuerin stets eine merkwürdige Mahlzeit auf, die zwar keinen Namen hatte, aber ausgesprochen deftig und lecker war. Heute weiß ich: Es handelte sich um die Bergische Kaffeetafel, eine Spezialität der Region, die als eine Art Brunch zur Nachmittagsstunde bezeichnet werden kann. In der Gastronomie im Bergischen und an der Sieg wird sie vielerorts angeboten.

Vielleicht lag es an den Anstrengungen, die das Leben den Menschen in diesem bergigen Landschaftsstrich abforderte, dass ihre Kaffeetafel so kalorienträchtig geriet. Heutzutage bildet eine zünftige Wanderung die ideale Grundlage, um anschließend ordentlich zuzuschlagen. Und zuschlagen muss man, will man sich durch all die Leckereien kosten. Was also gehört zu einer Bergischen Kaffeetafel? Im Detail gehen die Meinungen auseinander, als unverzichtbar gelten aber Waffeln mit heißen Kirschen und Sahne, Bauernblatz, ein süßes Weißbrot mit Rosinen, Schwarzbrot oder Graubrot mit Butter und Aufschnitt, Milchreis mit Zimt und Zucker, Quark und Käse sowie die Burger Brezel, ein heutzutage vom Aussterben bedrohtes Gebäck, und natürlich Kaffee. Der wird stilecht in der Dröppelminna serviert, einer kunstvoll verzierten, metallenen Kaffeekanne mit seitlichem Hahn. Ihren Namen verdankt sie dem Umstand, dass man den Kaffee gern recht dickflüssig trank; der grob gemahlene Kaffeesatz setzte sich häufig vor den Hahn und der Kaffee dröppelte nur noch heraus.

Die Schlichtheit der einzelnen Zutaten zeugt von der Armut, die in der Region jahrhundertelang herrschte. Ihre Zusammenstellung ist wiederum ein Zeugnis der Gastfreundschaft: Die Handelsbeziehungen zu den Niederlanden wie auch das bescheidene Wirtschaftwachstum im Zuge der Industrialisierung brachten exotische Genüsse mit sich, die man dem Gast nicht vorenthalten wollte. So gerieten Reis und echter Bohnenkaffee zum festen Bestandteil jeder Tafel. Als Abschluss galt und gilt ein echter Bergischer Korn. Den hat man dann aber auch nötig.

Margret Wehning und Ira Schneider haben in den Buch ›Bergischer Kräher, Dröppelminna und Kronenbaum‹ allerlei über Feste und Bräuche des Bergischen Landes zusammengetragen. Empfehlenswert!

TOURIST-INFO WINDECK /// RATHAUSSTRASSE 12 ///
51570 WINDECK-ROSBACH /// 0 22 92 / 1 94 33 ///
WWW.WINDECK-BEWEGT.DE ///

STILLE TAGE IN STROMBERG

Windeck-Stromberg – Eichenhain

29

Ein Naturdenkmal ist eine Einzelschöpfung der Natur, die sich durch ihren wissenschaftlichen Wert, ihre Seltenheit, Eigenart oder Schönheit auszeichnet, definiert das deutsche Naturschutzgesetz. Gleich 32 dieser denkmalgeschützten Naturschönheiten säumen das Ufer der Sieg bei Herchen: Der jahrhundertealte Stromberger Eichenhain, einst zur Schweinemast angepflanzt, existierte schon zu Napoleons Zeiten. Die älteste Eiche, die inzwischen abgestorben ist, trug 398 Jahresringe.

In einer Chronik aus dieser Zeit heißt es: ›Im Jahre 1795 rückte eine Kompanie Franzosen, zirka 60 Mann, gen Stromberg vor und wollte den von der Südseite her überrumpeln. Die Dörfler hielten jedoch die Franzosen in Schach, dass denen der Mut verging, die Stromberger zu fangen und zu hangen‹. Und es waren die Eichen, die den erfolgreichen Widerstand ermöglichten. Schon damals müssen sie so dick gewesen sein, dass sich die Dörfler hinter ihnen verbergen konnten. Aus dieser sicheren Position heraus schossen die Stromberger Helden auf die Franzosen, sobald diese sich aufmachten, die Brücke zu überqueren, und schlugen den Feind schließlich in die Flucht. Der Erfolg dieser Abwehrmaßnahme war offenbar dauerhafter Natur: Noch heute kenne ich kaum ein friedlicheres Fleckchen Erde.

Im Rücken der kleine, verschlafene Ort, dessen Gassen so putzige Namen wie Gänse- und Hasenpfad tragen, vor mir der träge dahingleitende Fluss. Der Blick ruht auf dem Wasser und dem Grün der gegenüberliegenden Wälder. Sonnenflecken tanzen durch die Blätterkronen, der Wind streicht sanft über die Wildgraswiesen. Still ist es hier, sehr still, nur eine entflohene Hausgans führt drüben am anderen Ufer bisweilen Selbstgespräche. Im Schatten der uralten Bäume lässt es sich herrlich träumen. Wer mag, flaniert auch ein wenig oder nimmt ein Bad im Fluss; auf gemähten Freiflächen laden Tische und Bänke zum Picknick ein. Von der Kanuanlegestelle aus lässt sich die Sieg direkt erkunden. Das ist schön, aber ich persönlich möchte einfach nur hier sitzen …

Stromberg liegt nahe des einst mondänen, noch immer schönen Kurortes Herchen. Von dort kann man wunderbar am Wasser entlang zum Eichenhain radeln.

DER HEILBRUNNEN LIEGT UNTERHALB DER ORTSCHAFT OHMBACH IN RICHTUNG INGELSHOF. /// TOURIST-INFO WINDECK /// RATHAUSSTRASSE 12 /// 51570 WINDECK-ROSBACH /// 0 22 92 / 1 94 33 /// WWW.WINDECK-BEWEGT.DE ///

EIN KLARER QUELL IN TRÜBEN ZEITEN

Ohmbachtal – Heilbrunnen

30

Wer Lust auf einen zünftigen Spaziergang hat, der schon als kleine Wanderung durchgeht, dem sei der Rundweg A1 von Leuscheid aus empfohlen. Er misst 6,8 Kilometer und ist streckenweise mit dem Natursteig Sieg identisch. Ein gut ausgeschilderter, schöner Weg in Wald- und Wieseneinsamkeit, dessen Herzstück die tief im Tal sprudelnde Quelle ist. Bänke und eine neu errichtete Schutzhütte laden dort ein zur Rast.

Zur Quelle ist folgende Sage überliefert: Einstmals, im späten 13. Jahrhundert, herrschte auf Burg Krenz im Bruxbachthal der Raubritter Guntram, ein grausamer Tyrann, Freund der Jagd und zünftiger Saufgelage. Eines Tages wurde ein alter Köhler gefasst, der einen Hasen gefangen hatte, und in seiner Grausamkeit blendete Guntram ihn für dieses Vergehen. Im selben Moment aber erblindete auch Guntrams Tochter, die junge Mathilde. Als Ritter Guntram in den Krieg zog und bald darauf im Schlachtengetümmel fiel, zogen seine Feinde voller Zerstörungswut gegen die Burg, und Mathilde war in größter Gefahr. In ihrer Not beschloss das blinde Burgfräulein, Zuflucht im Kloster Herchen zu suchen. In aller Heimlichkeit brach eine kleine Reisegesellschaft auf. Bald wurde es Mittag und heiß; der Weg war weit und beschwerlich. Die Reisenden dürstete es nach einem kühlen Trank, und als sie im einsamen Ohmbachtal eine sprudelnde Quelle erblickten, da erfrischten sich alle an dem köstlichen Nass. Auch Mathilde wurde an die Quelle geführt, wo sie trank und ihr erhitztes Antlitz kühlte. ›Und kaum hat das Wasser ihre Augen berührt, so erfreut sie auch neubelebend des Lichtes Strahl …‹

Noch heute sprudelt die Quelle, zum Brunnen gefasst, an diesem besonderen Ort. Hier gab die schwedische Sängerin Miriam Andersén im Rahmen des musikalischen Events ›Tonfolgen‹ nordische Geisterballaden zum Besten. Kuhhorn, Harfe und ihre wunderbare Stimme schienen wie geschaffen für dieses verzauberte Fleckchen Erde …

Wer sich auf den Weg zur Quelle macht, sollte nicht vergessen, ein leeres Gefäß zum Abfüllen mitzunehmen. Noch heute werden dem Wasser Wunder nachgesagt …

TOURIST-INFO WINDECK /// RATHAUSSTRASSE 12 ///
51570 WINDECK-ROSBACH /// 0 22 92 / 1 94 33 ///
WWW.WINDECK-BEWEGT.DE ///

GRAUER BASALT UND BLAUER HIMMEL

Kuchhausen – Basaltkrater Blauer Stein

31

Teils meterhohes, zu kantigen Säulen erstarrtes Vulkangestein lässt sich in der Leuscheid bewundern. Bis etwa 1900 wurde der Basalt von der Linzer Basalt AG abgebaut und für den Straßenbau verwendet. Heute gilt der Krater in Kuchhausen als Naturdenkmal. Der rührige ›Bürger- und Verschönerungsverein Leuscheider Land e. V.‹ hat das Gelände hergerichtet und als Ausflugsziel für Einheimische und Touristen zugänglich gemacht. Einige Zeilen, die Dr. W. Eberhardt aus Wilberhofen dem Blauen Stein gewidmet hat, beschreiben das Naturdenkmal ebenso schön wie treffend:

›Grauer Basalt unendlich alt aus Magma gefällt, in Säulen gestellt. Senkrecht empor lugt es hervor, nackt und bloß, aus Erdenschoß. Von Wurzeln umwallt, grauer Basalt. Du lässt mich ahnen, du lässt mich mahnen, und lenkst darauf hin, wie klein ich doch bin: Droben das All, drunten ein Feuerball.‹

Mein Tipp: Anschauen, staunen, auf die Wurzeln der Bäume achten, die sich so pittoresk an die Steinsäulen klammern, vielleicht auch ein Weilchen auf der Steinbank niederlassen, die für die Ewigkeit errichtet zu sein scheint. Doch dann zurück zur Grillhütte, denn dort wartet die für meinem Geschmack größte Attraktion: eine grandiose Aussicht. Über Kuchhausen bis Ölsen und den Beulskopf schweift der Blick, über die weiten Höhen des Westerwaldes bis hin zum Ederkopf im Rothaargebirge: Hier scheint die Welt gar nicht mehr enden zu wollen.

Wer sich nach Luft und Weite sehnt, im Kopf wie im Herzen, dem sei dieser Platz empfohlen. Und warum nicht gleich zu einer kleinen Panoramawanderung aufbrechen? Auf dem breiten, ebenen Weg ist man auch bei feuchter Witterungslage gut zu Fuß.

Atem schöpfen, sich vom Wind durchpusten lassen, den Kopf frei bekommen – das klappt hier im Leuscheid ganz wunderbar. Und wo sonst kann man alles auf einmal haben? Sonne und Wolken, hüben Regenschleier, drüben strahlend schönes Wetter. Viel Hügelland, viele Berge, viel Himmel …

Der Basaltkrater Blauer Stein liegt in Kuchhausen (Abfahrt an der L 147 zwischen Leuscheid und Weyerbusch am Wanderparkplatz).

RENATE UND ALOIS SCHNEIDER /// AUF DER OCHSENBURG 14 ///
51570 WINDECK-IRSEN /// 0 26 86 / 17 95 ///
WWW.MUEHLEN-DGM-EV.DE ///

ES KLAPPERT DIE MÜHLE AM RAUSCHENDEN BACH …

Irser Walzenmühle

32

In der historischen Wassermühle in Windeck-Irsen wird seit über 400 Jahren Korn zu Mehl gemahlen. Noch heute ist sie voll funktionsfähig: Das Wasserrad treibt zwei Mahlgänge und die gesamte Mühleneinrichtung an und benötigt keine elektrische Energie. Gespeist wird es vom Irser Bach, dessen Verlauf zugleich die Landesgrenze zu Rheinland-Pfalz bildet. Seit 1828 befindet sich die Mühle in Familienbesitz. Alois Schneider und seine Familie betreiben sie in vierter Generation.

Wenn die Mühle geht, dann rumpelt und knarrt es, stampft und poltert, und in regelmäßigen Abständen knallt es sogar ganz gehörig. Auch das vielbesungene Klappern ist weithin zu hören, erzeugt durch den Rüttelschuh, der dafür sorgt, dass das Korn gleichmäßig auf den Mahlstein rinnt.

»Meinen Vater freut es da oben, wenn er sieht, wie gut die Mühle in Schuss ist«, verrät Müller Alois Schneider und deutet zum Himmel hinauf. »Die Mühle, das war sein Leben.« Vater Paul Schneider dürfte allen Grund zur Freude haben: Noch immer wirkt alles so geputzt und gepflegt, als polierten die Heinzelmännchen die Gerätschaften allnächtlich auf Hochglanz. Und alles funktioniert noch immer einwandfrei.

Bis 1948 wurde das Korn hier traditionell mit den alten Steinmahlgängen gemahlen, dann wurde die Anlage erweitert und mit Walzenstühlen betrieben, auch diese wiederum durch Wasserkraft. Das eiserne Wasserrad mit einem Durchmesser von 3,80 Metern befindet sich im ›Eishaus‹, einem dunklen, frostsicheren Raum im Innern der Mühle. Über ein Kronradgetriebe treibt es die beiden Mahlgänge und die Walzenstühle an, ferner die weiteren Müllereimaschinen und Elevatoren, in denen Getreide und Mehl von Stockwerk zu Stockwerk befördert werden.

Schnell wird deutlich: Das Müllerhandwerk erfordert umfassende Kenntnisse, viel Erfahrung und Fingerspitzengefühl. Was wir hier zu sehen bekommen, ist traditionelle Handwerkskunst vom Feinsten. Bis 1993 belieferte die Irser Mühle übrigens die Bäcker der Region. Die Waffeln, die wir gerade verspeisen, sind mit tagesfrischem Mehl gebacken.

Die Mühle kann nach vorheriger Anmeldung und Terminabsprache besichtigt werden. Tag der offenen Tür ist am alljährlichen Mühlentag.

STIFTUNG – ULLA UND ERWIN WORTELKAMP /// ALTES SCHULHAUS ///
SCHULSTRASSE 18 /// 57635 HASSELBACH /// 0 26 86 / 6 04 ///
WWW.IM-TAL.DE ///

EIN ORT DER STILLE UND DES STAUNENS

Weyerbusch – Im Tal

33

Seit 1986 folgten über 40 Künstler der Einladung des international erfolgreichen Künstlers Erwin Wortelkamp, die Landschaft ›im Tal‹ zwischen Hasselbach und Werkhausen zu gestalten. Auf dem 10 Hektar großen Gelände schufen Bildhauer, Musiker, Schriftsteller und Landschaftsarchitekten einen Ort, an dem Kunst und Natur eine einzigartige Symbiose eingehen.

So schlicht wie sein Name, so gibt er sich zunächst auch: unprätentiös, ohne Pomp und Schnickschnack, für jedermann frei zugänglich und doch verborgen. Der Zugang zum ›Tal‹ offenbart sich erst auf den zweiten Blick. Wer sich dennoch hineinwagt, trifft auf eine verzauberte Welt: Geisterhafte Schattenwesen huschen durch den Wald, eine Skulptur wechselt plötzlich ihr Geschlecht, in einem vergitterten Loch ruht die Kugel des Froschkönigs, und plötzlich, inmitten des Waldes, stehen wir vor einem ›Haus für August Sander‹, dem berühmten Fotografen, der in dieser Gegend gelebt und gearbeitet hat.

Wer das Tal besucht, sollte Zeit einplanen – die verschlungenen Pfade geben ihre Geheimnisse nur demjenigen preis, der sie sich erläuft. Der Wunsch der Initiatoren war es, einen Ort der Stille zu schaffen, einen Ort, ›wo sich vielleicht Fremdes und Fremde treffen‹.

Hügelaufwärts, auf freiem Feld, begegnen wir tatsächlich einem einsamen Wanderer und rätseln über die teils meterhohen Gebilde: verwitterte Urzeitbäume oder doch das Werk von Außerirdischen? Weiter unterhalb erwartet uns ein freundlich dreinblickender Schimmel, dazu ein Holzbau, der gleichermaßen an einen Stall wie eine südamerikanische Pyramide erinnert. Talwärts findet sich ein Plätzchen zum Pausieren, eine in Stein gemeißelte Weisheit regt zum Nachdenken an. Auch der Humor kommt nicht zu kurz, so erhalten wir zum Beispiel wertvolle Hinweise über den richtigen Umgang mit angezauberten Läusen. ›Im Tal‹ – für mich ein bisschen Märchenwald, ein bisschen Blair Witch Project – in jedem Fall aber eine ungemein spannende Angelegenheit.

Jedes Jahr am ersten Samstag nach dem 21. Juni lädt die Stiftung Wortelkamp zum jour fixe mit zahlreichen Sonderveranstaltungen.

PARKPLATZ AM SIEGUFER ›IM BUNGERT‹ ///
51570 WINDECK-HERCHEN /// TOURIST INFO WINDECK ///
RATHAUSSTRASSE 12 /// 51570 WINDECK-ROSBACH ///
0 22 92 / 1 94 33 /// WWW.GEMEINDE-WINDECK.DE ///

SOMMERFRISCHE AN DER SIEG

Herchen

34

Steil ragen die Berge zu beiden Seiten des Flusses auf, und die Sieg gibt sich hier wildromantisch: Wir befinden uns in Herchen an der Sieg, inmitten des Windecker Ländchens, das bereits der Reiseführer Baedeker im Jahre 1883 als ›schönsten Luftkurort des Siegkreises‹ lobte. Ein Lob mit Folgen: Während der Belle Époque um die Jahrhundertwende war Herchen absolut ›in‹.

Es war die Zeit der Sommerfrische, in der es die gutbetuchten Düsseldorfer und das gehobene Bürgertum aus dem Ruhrgebiet hinaus aus den stickigen Städten zog. Schon damals überzeugte die gute Luft, die Herchen, auf der Grenze zwischen Westerwald und Bergischem Land gelegen, zum Kurort avancieren ließ.

Man sieht sie förmlich noch vor sich: die feinen Damen in ihren Tournüren, mit spitzenverzierten Sonnenschirmchen bewehrt, begleitet von Zylinder tragenden Herren mit gewichtigen Mienen. 1906, so berichtet der Herchener Bürgerverein, habe es 16 Beherberungsbetriebe mit 256 Betten im Ort gegeben. Die exklusive Düsseldorfer Künstlergruppe ›Malkasten‹ um Alban Lüdecke, Otto Rethel oder Andreas Achenbach ließ sich in Herchen nieder, und auch der berühmte Komponist Engelbert Humperdinck weilte hier oft. Er widmete der Bürgermeisterstocher Johanna Alberty eine Polka – vermutlich aus zarten Gefühlsregungen heraus, wie gemunkelt wird.

Auch fanden hier die berühmten Sedanspiele statt, Theaterstücke mit bengalischem Feuer und schwimmenden Bühnenbildern, die sich bald so großer Beliebtheit erfreuten, dass die Eisenbahn Sonderzüge einsetzen musste.

Die Zeiten sind längst passé, geblieben ist aber eine gewisse anrührende Melancholie. Schmucke Fachwerkhäuser und Belle-Époque-Villen prägen bis heute den Ort, es gibt einen Kurpark und ein Wassertretbecken, und natürlich den Bootsanleger nahe des alterehrwürdigen Parkhotels Löwenburg. Denn eine kleine Bootstour ist einfach Pflicht in Herchen.

Der Bahnhof befindet sich nicht im Ort, sondern im eigenen Ortsteil ›Bahnhof Herchen‹.

KURPARKCAFÉ HERCHEN /// AM KURPARK /// 51570 WINDECK ///
01 57 / 88 20 51 21 /// WWW.KURPARKCAFE-HERCHEN.DE ///

WO HERZ IST, DA IST AUCH GLÜCK

Herchen – Kurparkcafé

6/11

Am Rande des Kurparks, unmittelbar am Sieguferweg, liegt das Kurparkcafé. Von alten Bäumen beschattet, lässt es sich hier gemütlich im Cafégarten sitzen. Wer mag, kann sich auch auf dem Diwanlager aus Bodenkissen entspannen oder nimmt auf dem mit Spitzenkissen garnierten Sofa Platz. Aber man sollte nicht versäumen, sich auch im Café selbst umzuschauen …

›Wo Herz ist, da ist auch Glück‹, dieses Bonmot hat Sevda Koch zum Leitspruch für ihr Unternehmen gewählt. Und viel Herz war im Spiel, als sie ihre Idee umsetzte und aus dem ehemaligen Kindergarten ein wunderbares Café schuf. In nur drei Monaten hat sie zusammen mit ihrem Mann Andreas die Umbauarbeiten gemeistert – mit allem drum und dran.

Mit viel Geschmack und Können hat Sevda Koch hier ein einmaliges Ambiente geschaffen. Liebevolle Arrangements allerorten, und doch wirkt nichts überladen, im Gegenteil: Das Café vermittelt eine wohltuende Klarheit und Ruhe, hier fühlt man sich einfach wohl. Und dass ihre Gäste sich wohlfühlen, ist das wichtigste für die gebürtige Kölnerin. »Ich verwöhne Sie«, verspricht sie einem Gast mit strahlendem Lächeln. Wer da nicht bleiben möchte …

Angeboten werden hausgemachte Kuchen und Torten und natürlich die Köstlichkeiten aus der kleinen Küche. Damit auch Eltern die Zeit genießen können, wurde extra ein separates Spielzimmer eingerichtet, denn kinderfreundlich zu sein, lag den Kochs am Herzen. Wanderer sind ebenfalls willkommen, Hunde übrigens auch.

Für größere Gruppen werden gern Picknick-Events ausgerichtet, und dann ist da noch das Hostel über dem Café. Hier können Reisende preisgünstig unterkommen, ohne auf ein ansprechendes Ambiente verzichten zu müssen. Doch damit erschöpfen sich die Ideen der Kochs noch lange nicht. »Wann schlafen Sie eigentlich?«, möchte man das Paar angesichts so viel geballter Power fragen.

Die Grillhütte und der Veranstaltungsplatz des Kurparks werden im Auftrag des Bürgervereins durch das Café vermietet. Catering-Service möglich.

TOURIST-INFO WINDECK /// RATHAUSSTRASSE 12 ///
51570 WINDECK-ROSBACH /// 0 22 92 / 1 94 33 ///
WWW.GEMEINDE-WINDECK.DE ///

EIN DOM FÜR DATTENFELD

Dattenfeld – Siegtaldom

35

›… in einem Dorf, das Dateleveld genannt wird, schenk ich eine Kirche mit einem Hof, bestehend aus 30 Joch Saatland mit einem Haus und einer Scheune‹, heißt es in einer Schenkungsurkunde aus dem Jahre 895 an das Cassiusstift in Bonn. Im 12. Jahrhundert wurde auf dem Vorgängerbau eine neue Kirche errichtet. Nach deren Abriss im 19. Jahrhundert erbaute der Kölner Architekt August Lange eine neue, zweitürmige Kirche im neoromanischen Stil. Von der alten Pfarrkirche aus dem 12. Jahrhundert stammen noch die beiden unteren Geschosse des Nordturms.

›Siegtaldom‹ wird die St.-Laurentius-Kirche wegen ihrer monumentalen, 56 Meter hohen Doppeltürme allgemein genannt. In der Tat verwundert auf den ersten Blick ihre Größe angesichts des eher dörflichen Umfelds. Doch gerade die großzügige Eleganz des Bauwerks macht seinen besonderen Reiz aus. Ein Besuch der Kirche selbst lohnt sich ebenfalls: St. Laurentius ist eine dreischiffige, kreuzrippengewölbte Säulenbasilika mit sehr schönen, üppig floral verzierten Säulenkapitellen. Auch die blauen Buntglasfenster greifen die Blütenmotive auf und verleihen der Kirche eine freundlich-heitere Note.

In der Apsis des südlichen Querhauses findet sich die Rekonstruktion der Dattenfelder Madonna aus dem 14. Jahrhundert, eine der frühesten Sitzmadonnen der gotischen Epoche. Das Original ist im Museum Colomba in Köln zu bewundern.

Wer mag, kann sich nach dem Kirchenbesuch Burg Dattenfeld anschauen, die einst eigentlich ein feudales Pfarrhaus war. Oder den kleinen Freizeitpark mit Kinderspielplatz. Schön auch ein Spaziergang entlang der Uferpromenade mit Bootsanlegestelle und Tretbootverleih.

Auch für das leibliche Wohl ist in Dattenfeld gesorgt: Im Blumencafé gibt es köstliche Kuchen, Tapas kann man im La Cascada mit seinem Biergarten direkt am Wasser genießen, und wer es exklusiver mag, kehrt im Restaurant Hotel Burgcafé ein. Motorradfahrer dürfen sich auf einen oberhalb der Sieg im Wald gelegenen, weithin bekannten Biker-Treff freuen.

Der Freizeitpark Dattenfeld verfügt auch über eine Kurzbahngolfanlage (9-Loch-Anlage).

WOHNMOBILSTELLPLATZ ›AUF DEM GREENT‹ DATTENFELD-ÜBERSETZIG ///
TOURIST-INFO WINDECK /// RATHAUSSTRASSE 12 ///
51570 WINDECK-ROSBACH /// 0 22 92 / 1 94 33 ///
WWW.GEMEINDE-WINDECK.DE ///

EIN SONNIGES PLÄTZCHEN DIREKT AM WASSER

Dattenfeld – Wohnmobilstellplatz

36

Einer meiner liebsten Plätze an der Sieg, von dem es zugleich wenig Spektakuläres zu berichten gibt, ist der Wohnmobil-Stellplatz im Dattenfelder Ortsteil Übersetzig. Direkt auf einer sonnigen Wiese am Wasser gelegen, in Steinwurfweite des Wehrs, liegt dieses schöne Fleckchen Erde, das die Herzen von Wohnmobilisten höher schlagen lässt.

Hier kann man einfach wunderbar ›stehen‹, und das hat sich mittlerweile herumgesprochen … Der kleine Ortsteil Übersetzig wirkt wie aus der Zeit gefallen, mit seinen putzigen Fachwerkhäuschen, seinem ›Backes‹, dem Backhaus, dem (noch aktiven!) königsblauen Briefkasten von anno dazumal, der sorgfältig restaurierten Wassermühle und den schnatternden Enten am Siegwehr.

Viel Action ist hier nicht zu erwarten, und deshalb wird man diesen Ort lieben. Hier lässt es sich wunderbar in der Sonne sitzen mit einem guten Buch auf den Knien, man hält vielleicht mit den Nachbarn ein Pläuschchen und wirft abends den Grill an.

Wer sich nicht selbst verköstigen mag, wandert einfach über die Brücke nach Dattenfeld, wo ihn ein umfangreiches kulinarisches Angebot erwartet. Hier gibt es auch den Bäcker für die morgendlichen Brötchen, und übrigens auch noch einen weiteren Stellplatz. Und da dies alles zwar sehr nett ist, es aber wenig weiter darüber zu berichten gibt, nutze ich die Gelegenheit und plaudere an dieser Stelle etwas über das Reisen mit dem Wohnmobil entlang der Sieg: Die Strecke ist ansprechend und führt meist in unmittelbarer Flussnähe entlang, und viele Gemeinden haben inzwischen Stellplätze für ihre mobilen Gäste eingerichtet – nicht alle mit Entsorgungsstelle, aber immerhin. Stromabwärts kommt man etwa in Hennef unter, das Windecker Ländchen wartet gleich mit mehreren Plätzen auf, und auch Westerwald und Siegerland sind gut zu bereisen. So empfängt die Stadt Siegen beispielsweise den Mobilisten gleich mit zwei relativ zentralen Plätzen. Einem Wochenendtrip oder auch einer ausgedehnteren Tour steht also nichts entgegen.

Der Platz in Übersetzig ist nicht ausgeschildert. Über die Brücke fahren und dann rechts halten.

POSTBRI
Montag-
Freitag
Samstag

FKASTEN
Leerung
ERUNG

BECKER'S BLUMENCAFÉ /// HAUPTSTRASSE 120 ///
51570 WINDECK-DATTENFELD /// 0 22 92 / 22 18 ///

BAISERS UND BLUMENBOUQUETS

Dattenfeld – Becker's Blumencafé

7/11

Direkt an der Straße, die durch das Dörfchen Dattenfeld im Windecker Ländchen führt, betreibt Marie-Luise Becker ein Café. Das heißt, eigentlich ist es ein Blumenladen – oder vielmehr beides. Im Jahr 2004 gab die gelernte Floristin ihr altes Ladenlokal auf und bezog die jetzigen Räumlichkeiten. Hier bot sich viel mehr Platz, und so entstand die Idee, frische Blumen mit Kaffee und Kuchen zu verbinden.

Ihre Torten sind ein Gedicht – das hat sich bis nach Solingen, Köln und Gummersbach herumgesprochen. Dabei wusste Marie-Luise Becker anfangs gar nicht, welches Talent in ihr schlummerte. Doch irgendwann begann sie, anderen beim Backen über die Schulter zu schauen, ließ sich Tipps geben und Kniffe zeigen, sammelte Rezepte und probierte immer wieder aus. Heute backt sie zwischen 12 und 15 Torten in der Woche, diverse Streusel- und Käsekuchen gar nicht mitgezählt. Der Knüller ist ihr Stachelbeerbaiser, dann die Schoko-Sahne und natürlich die Himbeer-Joghurt. Sie alle sehen nicht nur köstlich aus, sondern beeindrucken schon allein durch ihre Größe.

Wer seine Wahl getroffen hat, lässt sich an einem der bunt im Laden verteilten Tische nieder oder macht es sich auf dem Sofa gemütlich. Das gesamte Mobiliar des Cafés stammt aus Omas Zeiten, alte Schätzchen aus dem Bekanntenkreis, vom Flohmarkt oder von ebay.

Auch beim Geschirr herrscht kein Einheitslook, denn das wäre Marie-Luise Becker einfach zu langweilig. Kein Teller ist wie der andere – das sei sozusagen ihr Markenzeichen, lacht sie. Auf den Tisch kommt, was gefällt, und auf die besondere Note legt sie Wert.

Seit einiger Zeit kann sie ihren Gästen auch einen kleinen Mittagstisch anbieten, und freitags und samstags ist Suppentag. Gut, dass Marie-Luise Becker bei all der Arbeit noch Unterstützung von ihrer Mutter erhält. Frau Bell ist ein echtes Original – wer sie erlebt, vergisst sie nicht so schnell.

Jeden ersten Sonntag im Monat ist Brunch (ab 10 Uhr, bitte vorher anmelden!).

FÖRDERVEREIN HEIMATMUSEUM ALTWINDECK E. V. ///
IM THAL WINDECK 17 /// 51570 WINDECK-ALTWINDECK ///
0 22 92 / 25 61 /// INFO@HEIMATMUSEUM-WINDECK.DE ///
WWW.HEIMATMUSEUM-WINDECK.DE ///

ALTE ZEITEN IM WINDECKER LÄNDCHEN

Heimatmuseum Altwindeck

37

Wie lebten die Menschen vor 100, 200 oder 300 Jahren im Windecker Ländchen? Antwort auf diese Fragen gibt das Museumsdorf in Altwindeck. Ein Schulgebäude, Fachwerkhäuser und Scheunen, eine Göpelmühle und eine Wassermühle finden sich hier. Die Heimatforscher Emil Hundhausen und Bruno Althoff gründeten das Heimatmuseum 1964. Heute wird es von einem Förderverein liebevoll gepflegt und ständig ausgebaut.

Beim Anblick der schmucken Fachwerkhäuser und des wunderschönen Bauerngartens, dessen Mitte ein alter Glockenstuhl mit bronzenen Glöckchen ziert, packt sie den Besucher unweigerlich – die Sehnsucht nach der ›guten alten Zeit‹. Ob sie jemals so gut war, kann dann jeder für sich selbst beurteilen – im Museumsdorf findet sich reichlich Gelegenheit dazu. Überaus anschaulich lässt sich hier das Leben der ›einfachen‹ Leute nachvollziehen: Alltag und Arbeit, Spielen und Lernen, Geselligkeit und Glaubensleben.

Bemerkenswert ist, dass die Häuser, Scheunen und Mühlen zu früheren Zeiten gar nicht an Ort und Stelle gestanden haben, sondern hierher versetzt wurden. Stein für Stein, Balken für Balken mussten dazu abgetragen und originalgetreu wieder aufgebaut werden. Tausende Stunden Arbeit vieler fleißiger Mitglieder und Helfer des Fördervereins seien dabei locker zusammengekommen, schätzt Jens Klein, der Geschäftsführer. Für diesen Fleiß gab es 2009 sogar den Ehrenamtspreis des Landes NRW.

Doch im Heimatmuseum soll nicht nur Altes museal bewahrt werden. Die Devise der Museumsmacher lautet: Nur durch Mitmachen und Ausprobieren lassen sich die alten Traditionen nachvollziehen. So können Kinder während der Aktionstage auch selbst einmal Hand anlegen – zum Beispiel beim Apfelsaftpressen. Ihnen sei auch ein spaßträchtiger Besuch im Klassenzimmer empfohlen, in dem Lehrerin Gisela Lutz, in strengem wilhelminischem Schick gewandet, eine Unterrichtsstunde zu Kaisers Zeiten wieder aufleben lässt.

Alljährlich am 03.10. findet auf dem Museumsgelände ein großer Burg- und Handwerkermarkt statt.

HEIMATMUSEUM WINDECK /// IM THAL WINDECK 17 ///
51570 WINDECK-ALTWINDECK /// 0 22 92 / 25 61 ///
INFO@HEIMATMUSEUM-WINDECK.DE ///
WWW.HEIMATMUSEUM-WINDECK.DE ///

HÖR ICH DAS MÜHLRAD GEHEN …

Altwindeck – Wassermühle

38

Die historische Wassermühle am Ortsrand von Altwindeck stand nicht immer an dieser Stelle, sondern der Förderverein des Heimatmuseums hat sie hierher ›verpflanzt‹ und liebevoll wieder aufgebaut. Dennoch wirkt die kleine Mühle so authentisch, als habe sie schon immer hier gestanden. Tatsächlich ist anzunehmen, dass genau an dieser Stelle auch früher bereits eine Mühle klapperte … Erstaunlich übrigens, wie wenig Wasser so ein Mühlenrad benötigt, um zu ›gehen‹. Kaum mehr als ein Zahnputzglas voll, so scheint es …

Alte Zeiten, linde Trauer – nicht von ungefähr kommen mir beim Anblick der Mühle die Verszeilen des Romantikers Joseph von Eichendorff in den Sinn. An einem Ort wie diesem umweht er mich regelrecht, der Hauch der Geschichte. Mich erfasst eine sehnsuchtsvolle Melancholie, ›und es schweifen leise Schauer wetterleuchtend durch die Brust‹ – ganz so, wie der Dichter es einst beschrieb. Vielleicht liegt's aber auch am Wetter: Milchig-trüb der Himmel, und in der Luft schwingen schon die Aromen des Herbstes. An einer klappernden Mühle, in einem kühlen Grunde wie diesem, so stelle ich mir vor, muss sich jenes kleine Seelendrama zugetragen haben, das Eichendorff vor über 200 Jahren in dem Gedicht ›Das zerbrochene Ringlein‹ so herzzerreißend zu beschreiben wusste:

»Was will uns der Dichter damit sagen?«, pflegte man die Schüler früher zu fragen. Dass Liebeskummer keine Zeitgeisterscheinung ist, würde ich heute antworten.

In einem kühlen Grunde,
da geht ein Mühlenrad;
mein Liebste ist verschwunden,
die dort gewohnet hat.

Sie hat mir Treu versprochen,
gab mir ein' Ring dabei,
sie hat die Treu gebrochen,
das Ringlein sprang entzwei.

Ich möcht als Spielmann reisen
weit in die Welt hinaus
und singen meine Weisen
und gehn von Haus zu Haus.

Ich möcht als Reiter fliegen
wohl in die blut'ge Schlacht,
um stille Feuer liegen
im Feld bei dunkler Nacht.

Hör ich das Mühlrad gehen,
ich weiß nicht, was ich will;
ich möcht am liebsten sterben,
da wär's auf einmal still.

Die Mühle gehört zum Musemsdorf, dem man ebenfalls einen Besuch abstatten sollte. Auch der Mühlenteich ist nicht alt, sondern künstlich angelegt.

HEIMATMUSEUM WINDECK /// IM THAL WINDECK 17 ///
51570 WINDECK-ALTWINDECK /// 0 22 92 / 25 61 ///
INFO@HEIMATMUSEUM-WINDECK.DE ///
WWW.HEIMATMUSEUM-WINDECK.DE ///

EINE BURG FÜR DIE HERREN VON BERG

Burgruine Windeck

39

Hoch auf dem Schlossberg thront die Burgruine Windeck, das Wahrzeichen des Windecker Ländchens. Bei klarer Sicht genießt man von hier oben einen herrlichen Blick auf das Siegtal. Bei Nebel und düsterem Himmel hingegen hört man förmlich noch das Surren der Pfeile und Armbrustbolzen, die hier während erbitterter Kämpfe im 14. Jahrhundert abgeschossen wurden. Die Geschosse fand man bei Ausgrabungsarbeiten.

Ein Streitobjekt war sie seit Anbeginn ihrer über 800-jährigen Geschichte, darauf weist schon die lange Liste der – häufig sprunghaft wechselnden – Besitzer hin. Als ›Castrum novum in windeke‹ wurde sie erstmals 1174 urkundlich erwähnt. Im Grenzgebiet zwischen Bergischem Land und Westerwald gelegen, diente die Burganlage den Grafen von Berg – die übrigens auch Namensgeber des Bergischen Landes sind – als Grenzfeste gegen die Grafen von Sayn. Später wurde sie Gerichts- und Verwaltungsort, bis die schwedischen Truppen sie im Dreißigjährigen Krieg stark beschädigten und die Franzosen sie schließlich vollständig zerstörten.

Obwohl nur Ruinen übrig geblieben sind, lassen sich heute noch die gewaltigen Ausmaße des Burggeländes erahnen. Allein die restaurierte Palaswand mit ihren zahlreichen symmetrisch angeordneten Fenstern zeugt von der Imposanz der Anlage. Kernstück und letzter Fluchtpunkt war jedoch der Bergfried, der zum Teil erhalten geblieben ist.

Vom Platz vor dem Palas führt neben einem Brunnen ein alter Treppengang nach unten. Folgt man ihm, so gelangt man zu einem Gewölberaum, von dem ein in den Fels gehauener Tunnel abgeht. Hier wartet das Abenteuer!

Nachdem alles erforscht ist, folgen wir dem Natursteig Sieg ins Tal hinab – eine sehr schöne, aber auch sehr steile Wegstrecke. Am Fuße des Burgbergs gelangen wir schließlich auf das Gelände des überaus romantisch anmutenden Museumsdorfes Altwindeck. Im Museum selbst lassen sich Funde aus der Burg bestaunen. Sehenswert!

Das Museum ist nur an den Wochenenden geöffnet. Ein Besuch des Außengeländes ist jedoch immer möglich und lohnend.

EIN GUTER AUSGANGSPUNKT IST DER P+R PARKPLATZ IN DER BAHNSTRASSE, STEIN (WINDECK). /// TOURIST-INFO WINDECK /// RATHAUSSTRASSE 12 /// 51570 WINDECK-ROSBACH /// 0 22 92 / 1 94 33 /// WWW.WINDECK-BEWEGT.DE ///

EIN NATURSCHAUSPIEL – VOM MENSCHEN GESCHAFFEN

Schladern – Wasserfall

40

Vom pilzförmigen Aussichtspunkt oberhalb des Flusses den tollen Ausblick genießen, ein Stückchen das Ufer entlangflanieren, den Altarm der Sieg umrunden oder einfach nur sitzen, schauen und genießen – am Siegwasserfall in Schladern kann man herrlich Zeit verbringen.

Doch die Ruhe war nicht immer so himmlisch: Man schreibt das Jahr 1857. Im Zuge der industriellen Revolution wird der Bau der Eisenbahnstrecke Köln-Gießen anberaumt, das Windecker Ländchen mit seinen zahlreichen Siegschleifen stellt die Planer allerdings vor gravierende Probleme.

Doch wie sollte etwa 100 Jahre später Daniel Düsentrieb konstatieren: Dem Ingeniör ist nichts zu schwör. Und was die Bahnstrecke betraf, leisteten die Ingenieure ganze Arbeit, wenn auch mit drastischen Maßnahmen: Man sprengte einen Teil eines Berges weg, verpasste dem Fluss einen neuen Lauf und legte die ursprüngliche Siegschleife still oder schüttete sie für den Bau der Trasse sogar teilweise zu. Zum Ausgleich des Gefälles schuf man einen künstlichen Wasserfall, der noch heute der größte Wasserfall in ganz Nordrhein-Westfalen ist. Über eine Breite von 84 Metern ergießt er sich in mehreren Stufen mit einem Gefälle von etwa 4 Metern in die Tiefe.

Die Kraft des gestauten Wassers wusste man schon bald zu nutzen: Im Jahre 1894 siedelte sich die englische Metallwarenfabrik Elmores an, die Kupferprodukte herstellte und auf Galvanisierung spezialisiert war. Sie staute die Sieg weiter auf und nutzte die Wasserkraft zur Energieerzeugung. Doch die Turbinen und Dampfkessel trieben nicht nur die Maschinen an, sondern versorgten nebenbei auch das nahe Dorf Schladern mit Elektrizität.

Auch heute noch wird die Wasserkraft zur Energiegewinnung genutzt, wenn auch nicht mehr in dem Maße wie im 19. Jahrhundert.

Der damals stillgelegte Siegarm beherbergt inzwischen seltene Vogelarten und ist Naturschutzgebiet.

Der Wasserfall bietet vor allem zu Zeiten hoher Wasserstände einen imposanten Eindruck.

TOURIST-INFO WINDECK /// RATHAUSSTRASSE 12 ///
51570 WINDECK-ROSBACH /// 0 22 92 / 1 94 33 ///
WWW.WINDECK-BEWEGT.DE ///

VON FEMEGERICHTEN UND MÖRDERGRUBEN

Rosbach – Alter Stuhl

41

Auf dem Alten Stuhl sitzen kann erst, wer zuvor den Aufstieg gewagt hat. Doch die Mühe wird mit einem herrlichen Ausblick auf Rosbach und Obernau, das Siegtal und den Westerwald belohnt. Es heißt, mit seinen 283 Metern sei der Alte Stuhl genauso hoch wie der Kölner Dom. Die Mitglieder des Vereins Drachenflugfreunde Windecker Ländchen nutzen den Berg gern als Abflugbasis.

Wer sich bei der guten Aussicht gruseln möchte, braucht nicht auf das Hauff'sche Schauermärchen vom Spessart zurückzugreifen. Wirtshäuser, die sich als wahre Mördergruben entpuppten, gab es offenbar auch in Rosbach, wie ein Dokument aus den 20er-Jahren des vergangenen Jahrhunderts Glauben macht, dessen Kenntnis ich freundlicherweise der Gemeinde Windeck verdanke. Es handelt sich um eine Abschrift aus ›Das Amt Windeck im Spiegel der Sage‹ aus dem Jahre 1925, als Verfasser ist Oswald Gerhard angegeben.

›Bei Rosbach liegt ein Berg, ›Alter Stuhl‹ genannt, auf welchem ein Fehmgericht, auch Stuhlgericht genannt, abgehalten wurde. Die Beisitzer desselben aber waren entartet, raubten und mordeten.

Unten im Tale stand ein Wirtshaus, worin die Fremden übernachteten. Waren die Gäste gekommen, so gab der Wirt den Männern des Stuhlgerichts ein Zeichen, und diese überfielen dann die Gäste, raubten sie aus und ermordeten sie sogar.‹

Das Wort ›Feme‹ leitet sich übrigens vom mittelhochdeutschen ›veime‹ ab: heimliches Gericht. Die Gerichtsstätte wurde Freistuhl genannt, Vorsitzender war der Freigraf, der sogenannte Stuhlherr. Als Urteilsfinder fungierten die Freischöffen, und die galten nicht als zimperlich: Mit Strick und Schwert war man schnell bei der Hand – besagte Herren offenbar nicht nur droben auf dem ›Alten Stuhl‹, sondern auch drunten im Tale.

Lang ist's her, das Wirtshaus längst zu Staub zerfallen, und von geheimer Jurisdiktion und Exekutionen wurde inzwischen glücklicherweise Abstand genommen. Auch Reisende brauchen an der Sieg nicht mehr um ihr Leben zu fürchten. Ganz ehrlich nicht.

Der Platz liegt direkt an der Landesstraße 333 nach Hurst wenige Meter oberhalb des ehemaligen Waldkrankenhauses (dort parken).

GASTHOF WILLMEROTH /// PRESCHLIN-ALLEE 11 ///
51570 WINDECK-MAUEL /// 0 22 92 / 9 13 30 ///
WWW.GASTHOF-WILLMEROTH.DE ///

MAUELER HOFBRÄU – EIN HANDGEMACHTES BIER

Windeck-Mauel – Gasthof Willmeroth

8/11

Im Windecker Ländchen liegt das Dorf Mauel. Hier führt die Familie Willmeroth seit über 120 Jahren einen Gasthof mit Hotelbetrieb. Das Unternehmen begann als Gaststätte mit Landwirtschaft, dann kamen Gästezimmer hinzu, es folgten zwei Kegelbahnen und schließlich ein Hotelbau mit 50 Betten. Seit 2003 gibt es sogar eine eigene Hofbrauerei: Hier wird nach noch recht junger Familientradition das Maueler Hofbräu gebraut.

Den Geschmack eines Bieres bestimmt vor allem die verwendete Hopfensorte, erklärt mir der Seniorchef des Hauses. Für das Maueler Hofbräu verwendet er die aus Ravensburg stammende Sorte Hallertaler Tradition. Der Hopfen aromatisiert und hat eine bitternde, schaumbildende Wirkung, außerdem konserviert er und wirkt sogar antiseptisch.

Das hausgebraute Bier hat einen Stammwürzegehalt von 13 Prozent, erfahre ich weiter. Aha. Die Stammwürze ist entscheidend für den späteren Alkoholgehalt des fertigen Bieres. Ach so. Ein klein wenig dunkler als andere Biere ist das Maueler Hofbräu, was an der verwendeten Malzsorte liegt, dazu leicht naturtrüb, so bleiben alle Vitamine, Mineralstoffe und Spurenelemente erhalten. Wussten wir nicht schon immer, dass Bier gesund ist?

600 Liter des edlen Gerstensaftes braut Karl Willmeroth alle 10 Tage, selbstverständlich streng nach dem deutschen Reinheitsgebot. Vom Biergarten aus kann man ihm durch ein Glasfenster bei der Arbeit zuschauen. In den weiß gefliesten Raum mit den blinkenden Stahlkesseln wird alles in Handarbeit erledigt, vom Maischen bis hin zum Reinigen der Flaschen – keine gewöhnlichen Bierflaschen, sondern Spezialanfertigungen für das Maueler Hofbräu. »Was einen interessiert, das lernt man auch gern«, erklärt der Seniorchef schmunzelnd auf meine Frage, wie er das Handwerk erlernt hat. Die kleine Brauereianlage stammt aus Österreich, wie auch das grundlegende Know-How. Der Rest geht auf Selbststudium und Learning by Doing zurück. Nun aber genug der Theorie: Wer sich das Bierbrauen erklären lässt, kommt ums Probieren nicht drumrum. Leicht und süffig schmeckt's, einfach lecker. Na denn: Prost!

Nach einer Wanderung auf dem Natursteig Sieg oder einer ausgedehnten Fahrradtour schmeckt ein hausgebrautes Bier einfach herrlich.

GRUBE SILBERHARDT /// EISENBERGSTRASSE 29 ///
51570 WINDECK-ÖTTERSHAGEN /// 0 22 92 / 1 94 33 (VERKEHRSVEREIN
WINDECKER LÄNDCHEN E. V.) /// WWW.GRUBE-SILBERHARDT.DE ///

VON SILBER, ERZ UND HEXENSCHUSS

Windeck-Öttershagen – Grube Silberhardt

42

Bereits im 13. Jahrhundert wurde in der Grube Silberhardt Erz abgebaut. Die Gegend um das heutige Windeck war Teil des sogenannten Eisenlandes. Seit 1997 erschließen ehrenamtliche Helfer wieder Stollen aus dem 15., 18. und 20. Jahrhundert und machen sie für die Öffentlichkeit begehbar. In eindrucksvollen Führungen berichten sie von der mühevollen Arbeit der Bergleute, die das begehrte Silbererz abbauten.

Mühevoll stimmt: Wer seinem langweiligen Bürojob einmal ganz neue Seiten abgewinnen will, dem sei ein Besuch der Grube empfohlen. Danach kommt einem sogar der aufrechte Gang wie ein Privileg vor. Für Klaustrophobiker ist das kleine Abenteuer allerdings nichts. Angesichts einer ganzjährigen Temperatur von etwa 8 Grad empfiehlt sich ein warmer Pullover, und auch der Verzicht auf Stöckelschuhe erscheint angebracht.

Mit Regenschutz und Sturzhelm geht es los, ersterer, weil es schon mal ein wenig feucht wird, letzterer, weil der Kopf bereits ab einer Körperhöhe von ungefähr 1,50 Metern empfindlich anecken kann. Zwar waren die Arbeiter früher in der Regel kleiner, was auch daran lag, dass man gern Kinder in die Gruben steckte, aber ums Bücken kam niemand herum. Und wer dort unten nicht schuften mochte wie ein Grottenolm, nämlich im Dunkeln, der musste sein Lampenöl selbst bezahlen, wie wir erfahren.

Auch der technische Fortschritt in Form von Dynamit sollte nicht mehr Gerechtigkeit bringen, denn sogar dafür mussten die Bergleute in die eigene Tasche greifen, wollten sie nicht weiter mit der Spitzhacke hantieren. Wie mühselig das ist, lässt uns der robuste ältere Herr, der uns kundig leitet, vor Ort gleich einmal ausprobieren: Es klappt ungefähr so gut, als würde man mit einem Gummihammer eine Granitplatte bearbeiten. Schnell wird klar, dass man für diese Arbeit vor allem eines brauchte: Zeit. Von wegen time is money … Für die Menschen aus der Region, die über kaum andere Einnahmequellen verfügten, war die Mine wohl zeitlebens beides: Fluch und Segen.

Zu Ehren der Heiligen Barbara, Schutzpatronin der Bergleute, feiert die Grube Silberhardt alljährlich am 4. Dezember das Barbarafest.

ALPAKAS DES WESTENS /// ROSTERWIESE 12 ///
51570 WINDECK-KOHLBERG /// 0 22 92 / 68 11 36 ///
WWW.ALPAKAS-DES-WESTENS.DE ///

ALPAKA-TREKKING DURCH WALD UND WIESEN

Windeck-Kohlberg – Alpakazuchthof

43

In traumhafter Lage, unweit der Grube Silberhardt, befindet sich der Alpakazuchthof ›Alpakas des Westens‹ der Familie Borrmann – ein Idyll für Mensch und Tier. Seit 2003 züchten die Borrmanns Alpakas, seit 2008 haben sie ihr Paradies im Windecker Ländchen gefunden. Zum Hof gehören ein Hofladen, in dem Produkte aus dem ›Vlies der Götter‹ vorgestellt werden, sowie großzügige fünf Hektar Weideland.

Tiere haben es gut bei ihr, das spürt man bei Petra Borrmann sofort. Ihr Herz hat sie an eine hierzulande recht ungewöhnliche Spezies verloren, doch wer die Alpakas kennenlernt, der weiß sofort, warum: Man ist augenblicklich ein bisschen verliebt.

Das liegt schon an der netten Begrüßung. Wer zu Besuch kommt, dem kommen sie entgegen, und die Neugier sieht man ihnen regelrecht an. Jedes Tier hat einen anderen, jeweils ganz eigenen Gesichtsausdruck, und jedes besitzt auch ganz unterschiedliche Charaktereigenschaften, wie Petra Borrmann erzählt.

Das europäische Klima vertragen die robusten Tiere ganz ausgezeichnet und sind auch in unseren Breiten ideal zu halten: Sie benötigen eine Wiese und einen zugfreien Unterstand, ferner täglich Heu, etwas Kraftfutter und frisches Wasser. Alpakas schädigen auch ihr Weideland nicht, da sie Schwielensohler sind. Außerdem sind sie sehr sauber und legen sogar Kotplätze an. Nur Einsamkeit mögen sie nicht, sie benötigen Artgenossen. Und mit ihrem wunderschönen weichen Fell sehen sie zwar unglaublich knuffig aus, sind aber keine Schmusetiere, wie wir erfahren.

Nahezu täglich kommen Besucher auf den Hof, um sich über die Alpakas zu informieren. Auch behinderte Kinder sind neuerdings oft zu Gast, da sich gezeigt hat, dass sie eine besondere Affinität zu den wolligen Vierbeinern haben. Überhaupt, die Kinder: Sie schließen die Alpakas sofort ins Herz. Und von einer Trekkingtour mit den halftergängigen Tieren zeigen sich nicht nur die Kleinen stets rundum begeistert.

Die Borrmanns freuen sich über Ihren Besuch, um telefonische Voranmeldung wird jedoch gebeten. Die Trekkingtouren organisiert Stefanie Hützen, Telefon 01 77 / 1 96 17 82.

ROMANTIK HOTEL ALTE VOGTEI /// LINDENALLEE 3 /// 57577 HAMM / SIEG /// 0 26 82 / 2 59 /// WWW.ALTEVOGTEI.DE /// WWW.ROMANTIKHOTELS.COM/HAMM ///

ANKOMMEN UND ABSCHALTEN IN HISTORISCHEM AMBIENTE

Hamm – Alte Vogtei

In einer der schönsten Regionen des Westerwaldes, nahe der Kroppacher Schweiz, liegt idyllisch am Ufer der Sieg das Dorf Hamm. Hier verbrachte der große Sozialreformer Friedrich Wilhelm Raiffeisen Kindheit und Jugend, und sein Geburtshaus gleich gegenüber der Kirche ist heute noch bestens erhalten. Das historisch bedeutsame Fachwerkgebäude wird von der Familie Wortelkamp bereits in fünfter Generation als Gasthaus geführt.

Viel Herz und Herzlichkeit – mit diesen Worten lässt sich Gastronomin Daniela Wortelkamp treffend beschreiben. Bei ihr fühlt sich der Gast einfach wohl. Der Liebe wegen zog es die gebürtige Schwarzwälderin vor mehr als 20 Jahren in den Westerwald, und bald lernte sie auch ihre neue Heimat lieben. Ein bisschen schade findet sie, dass die wunderschöne Natur des Siegtals und des Westerwalds – im Gegensatz zu den Vorzügen des Schwarzwalds – noch immer wenigen bekannt ist. Doch sind die Gäste erst einmal da, weiß sie sie immer von den Reizen der Region zu überzeugen. Das fängt selbstverständlich bei der Küche an: In Sachen leibliche Genüsse hat sich die Alte Vogtei weit über der Region hinaus einen Namen gemacht. Chefkoch Markus Wortelkamp konnte seine Kenntnisse bereits während seiner Wanderjahre im In- und Ausland erweitern und durch langjährige Erfahrung vervollkommnen. Er legt Wert auf eine vielfältige, ehrliche Küche, die sich vor allem an saisonalen Angeboten der Region orientiert, so darf man sich beispielsweise auf Rehkeulenragout aus der Hatzfeldschen Jagd oder Bachsaibling aus dem Bergischen freuen.

Das historische Ambiente der Gasträume setzt sich im Hotelbereich fort: Alle Fachwerkzimmer sind mit Westerwälder Antiquitäten aus verschiedenen Epochen möbliert, die Seniorchef Egon und sein Bruder, der bekannte Künstler Erwin Wortelkamp, über viele Jahre hinweg zusammengetragen haben – hier stellt sich ein ganz besonderes Wohngefühl ein. Rundum entspannt und verwöhnt lässt sich die schöne Natur dann gleich doppelt intensiv genießen.

In den Wellness-Zimmern mit Sauna und Erlebnisdusche lassen sich auch Regentage herrlich entspannt genießen. Bei Sonne lockt der hauseigene Biergarten.

HEIMATFREUNDE IM HAMMER LAND E. V. /// RAIFFEISENSTRASSE 10 ///
57577 HAMM (SIEG) /// 0 26 82 / 96 97 89 (TOURIST-INFO) ///
WWW.DEUTSCHES-RAIFFEISENMUSEUM.DE ///

EINER FÜR ALLE – ALLE FÜR EINEN

Hamm – Raiffeisenmuseum

44

Überall in der Region trifft man heute noch auf Spuren des großen Sozialreformers Friedrich Wilhelm Raiffeisen. In Hamm an der Sieg wurde in dem Haus, das nach mündlicher Überlieferung sein Geburtshaus war, ein Museum eingerichtet, das konkrete Einblicke in Leben und Werk des großen Mannes gewährt. Hier lässt sich anschaulich nachvollziehen, auf welchem Boden die segensreichen Ideen reiften, aber auch der Mensch selbst gewinnt Kontur: So sind beispielsweise Schreibtisch, Heimorgel und die Brille des schwer Augenleidenden erhalten geblieben wie auch seine Totenmaske.

Man schreibt das Jahr 1847: Armut und Arbeitslosigkeit beuteln große Teile Europas. Nach einer Missernte herrschen auch in der Region Hunger und Elend in kaum vorstellbarem Ausmaß. Um die Landbevölkerung vor dem Hungertod zu bewahren, gründet der streng gläubige Protestant und Bürgermeister von Weyerbusch, Friedrich Wilhelm Raiffeisen, den Weyerbuscher Brodverein. Die Idee: Wohlhabende Bürger stellen Geld für den Kauf von Getreide zur Verfügung, aus dem Brot gebacken wird, das die Armen gegen Schuldscheine erhalten. Die großen Einkaufsmengen verringern den Preis, die Ware kann billiger abgegeben werden. Die Kredite sind gegen geringe Zinsen zurückzuzahlen, die Idee der Hilfe zur Selbsthilfe ist geboren.

Raiffeisen ließ auch Schulen bauen und erschloss der Region bessere Absatzmöglichkeiten durch den Bau einer Straße von Hamm bis hinunter ins Rheintal. Diese Straße wird heute ›Historische Raiffeisenstraße‹ genannt und ist zum Teil mit der B 256 identisch. Ebenso trieb der Bürgermeister den Bau der Westerwaldbahn voran und sorgte für die Aufforstung der Wälder. Aber er erkannte auch, dass sich die Situation der Bauern nicht durch wohltätige Hilfen, sondern nur auf Basis gemeinschaftlicher Selbsthilfe dauerhaft bessern konnte. So gründete er 1864 in Heddesdorf, wo er ebenfalls das Bürgermeisteramt innehatte, den Heddesdorfer Darlehnskassen-Verein, die erste Kreditgenossenschaft Deutschlands. Eine Idee, die ihn weltbekannt machen sollte und noch heute das Vorbild für mehr als 330.000 Genossenschaftsbanken in aller Welt ist.

☞ Entlang der historischen Raiffeisenstraße von Hamm an der Sieg bis Neuwied am Rhein trifft man auf zahlreiche Zeugnisse seines Wirkens.

OBERE SIEG

ABTEI MARIENSTATT MBH /// 57629 MARIENSTATT ///
0 26 62 / 9 53 50 /// WWW.ABTEI-MARIENSTATT.DE ///

SEIT 800 JAHREN TÖNT EINE MELODIE

Abtei Marienstatt

45

In einem idyllischen Tal, am Ufer der Großen Nister gelegen, befindet sich die Abtei Marienstatt. Das Zisterzienserkloster kann auf eine 800-jährige Geschichte zurückblicken; heute leben hier rund 20 Mönche. Gemäß ihrem Grundsatz ›ora et labora‹ arbeiten sie unter anderem im privaten Gymnasium der Abtei, im Gästehaus des Klosters, in der Buch- und Kunsthandlung, in den wunderschönen Gartenanlagen und in der Klosterbrauerei, in der das Marienstatter Klosterbräu gebraut wird.

»Einerseits leben wir 19 Marienstatter Mönche in Klausur, unser Alltag ist geprägt von dem Rhythmus, den uns die Regel des heiligen Benedikt von Nursia vorgibt. Andererseits öffnen wir unsere Türen für Gäste, Wallfahrer und Besucher ganz verschiedener Couleur«, stellt Abt Andreas Range fest. »Es bewahrheitet sich in Marienstatt jeden Tag, was der heilige Benedikt vor 1500 Jahren lapidar und erfahrungssatt festgestellt hat: Dem Kloster fehlen nie die Gäste.«

In der Tat, an Gästen fehlt es der Abtei wohl zu kaum einer Stunde. Und wer einmal hier war, den zieht es irgendwann wieder her. Ein Kraftort sei es, sagen viele, ein Ort der Besinnung, der inneren Einkehr, des Friedens. Die Mönche haben ihn sozusagen im Traum gefunden, als sie im Jahre 1212 aus dem Kloster Heisterbach im Siebengebirge in den Westerwald kamen. Zunächst ließen sie sich etwa 10 Kilometer entfernt von Marienstatt nieder. Doch dann träumte Abt Hermann von einem im Winter blühenden Weißdornbusch, den ihm die Gottesmutter Maria als neuen Klosterstandort wies. ›Locus Sanctae Mariae‹, die Stätte Mariens, wurde gegründet.

Ein Ort der Magie ist es geblieben. Dies spürt, wer den Mönchen bei ihren Choralgebeten zuhören darf. Von immerwährender, zeitenloser Gottessehnsucht getragen, sind die gregorianischen Gesänge über Jahrhunderte hinweg gleich geblieben. Die Kraft, die aus diesen Gesängen erwächst, ist fast körperlich spürbar, gleichgültig, welcher Couleur der Zuhörer sein mag.

Stärkung findet der müde Wanderer im Marienstätter Brauhaus. Auch unbedingt erwähnenswert: das hochkarätige Konzertprogramm in der Klosterkirche.

AUSGANGSPUNKT DER WANDERUNGEN: PARKPLATZ DER ABTEI MARIENSTATT /// 57629 MARIENSTATT /// WWW.ABTEI-MARIENSTATT.DE ///

VON VERWUNSCHENEN GEMÄUERN UND ZAUBERHAFTEN PLÄTZCHEN

46

Marienstatt – Nister

Wer die Zisterzienserabtei Marienstatt besucht, sollte in jedem Fall Zeit für einen ausgedehnten Spaziergang einplanen. Das Tal der großen Nister, die eine Gesamtlänge von 64 Kilometern hat und in die Sieg mündet, zählt zu den schönsten Flecken im Westerwald. Folglich ist der Wanderparkplatz vor der Abtei zugleich Kreuzungspunkt zahlreicher Wanderwege – hier hat man buchstäblich die Qual der Wahl.

Eindrucksvoll ist bereits die uralte Bruchsteingewölbebrücke gleich am Parkplatz mit ihren drei halbkreisförmigen Bögen. Der Kern der Brücke stammt aus dem Mittelalter, im Jahre 1721 wurde sie renoviert – ein Bauwerk für die Ewigkeit, so scheint es. Natur pur findet sich am Ufersaum der Nister, direkt am Wasser wandelt es sich herrlich durch die tiefhängenden Zweige uralter Bäume. Wer nach dem Besuch des Klosters noch einen kleinen Spaziergang machen möchte, dem sei der Waldlehrpfad entlang der Klostermauern empfohlen. Weiter geht es auf dem Marienstatt-Rundweg, der eine Länge von etwa fünf Kilometern misst.

Folgt man vom Wanderparkplatz aus hügelan dem Druidensteig, gelangt man schon bald zum Kaiserlichen Friedhof. Dort liegen 600 Soldaten der Koalitionskriege beerdigt, die in den einstweilig zum Lazarett umfunktionierten Klostermauern verstarben. Abenteuerlustige folgen ebenfalls dem Druidensteig, biegen auf der Kuppe jedoch rechterhand ab und erklimmen einen Trampelpfad den Berg hinauf. Dort oben finden sich die Überbleibsel einer alten Burganlage und die Grundfeste der Burg Vronneck, die dann nie gebaut wurde. Vom sogenannten Felsenstübchen aus genießt man einen tollen Blick über das Tal der Nister, vor allem, wenn das Laub gefallen ist.

Entlang des Nistertals führt auch der schöne Marienwanderweg entlang, der die Abtei Marienstatt mit dem Franziskanerkloster Marienthal bei Hamm an der Sieg verbindet. Mit einer Länge von knapp 23 Kilometern empfiehlt er sich Sportlichen als Tagestour. Und noch mehr Wandermöglichkeiten gibt es – im Nistertal ist garantiert für jeden Anspruch etwas dabei.

Der Gewässerwanderweg Nister lässt sich auch mit dem Fahrrad erkunden. Länge: 18 Kilometer. Start: Parkplatz am Kloster. Streckenbeschreibung unter: www.wasser.rlp.de

DER GARTEN /// IM FRANKENTHAL 27 /// 57537 WISSEN ///
0 27 42 / 10 16 /// WWW.GARTENCAFE-WISSEN.DE ///

PICKNICK IM ROSENGARTEN

Wissen – Café Der Garten

10/11

Am Stadtrand Wissens, unmittelbar an der Siegpromenade gelegen, findet sich ein Café der besonderen Art. Seine Geschichte reicht ins Jahr 1985 zurück, als Mechthild Molzberger begann, hinter der Alten Walzwerkvilla einen Garten anzulegen. Der Garten wuchs schnell, Spaziergänger blieben stehen und staunten, fachsimpelten, holten sich Tipps. »Warum ihnen nicht Kaffee und Kuchen anbieten?«, fragte sich die fleißige Gärtnerin eines Tages, und die Idee zum Gartencafé war geboren. Seit zehn Jahren ist die Gartenanlage für Gäste geöffnet.

Das Herzstück der Anlage ist der Rosengarten, den die Seniorchefin nach Vorlage eines Stickbildes anlegte. Doch idyllische Fleckchen, an denen man verweilen möchte, finden sich auf dem 5.000 Hektar großen Gelände überall. Zuvor sollte der Gast jedoch die Gartenküche aufsuchen, den gastronomischen Mittelpunkt des Cafés. Hier stattet er sich mit einem Picknickkörbchen aus und befüllt es nach Lust und Laune: Morgens gibt's ein Frühstücksbuffet, mittags und abends Grillspezialitäten, und nachmittags stehen Kuchen und Eis zur Wahl. Mit dem Körbchen sucht sich dann jeder sein Lieblingsplätzchen und lässt es sich dort schmecken. Eine simple, aber ganz bezaubernde Idee!

Wenn das Wetter nicht mitspielt, bieten zahlreiche Pavillons und die neuen Räumlichkeiten mit der großen Orangerie Schutz. Für Hochzeitsfeste und andere Veranstaltungen steht auch ein großes Pagodenzelt zur Verfügung, das 150 Gästen Platz bietet. Ob Mini-Laube oder Festzelt: Jeder Platz ist liebevoll dekoriert, und abends verbreiten die zahlreichen Lichter, Kerzen und Fackelkörbe eine zauberhafte Stimmung. Für den Aufenthalt während der kälteren Jahreszeit wurde die Orangerie errichtet. Der phänomenale Kronleuchter darin ist eine Eigenkreation des Seniorchefs Klaus Molzberger, der auch all die anderen wunderbaren Dekorationen der Gartenanlage geschaffen hat. Überhaupt ist der Garten ein Familienunternehmen durch und durch: Mechthild Molzberger ist nach wie vor Chefgärtnerin, Tochter Sarah führt inzwischen mit ihrem Lebensgefährten Daniel Brandenburger die Geschäfte, und Tante Rita ist für die Freiluftküche verantwortlich. Wenn sie dem Barbecue-Smoker einheizt, lässt der Appetit garantiert nicht auf sich warten.

Im Garten können auch Hochzeiten oder andere Festivitäten gefeiert werden.

VERBANDSGEMEINDEVERWALTUNG KIRCHEN (SIEG) ///
TOURISTINFORMATION /// LINDENSTRASSE 1 /// 57548 KIRCHEN ///
0 27 41 / 68 81 06 /// WWW.KIRCHEN-SIEG.DE ///

DURCHS JUNKERNTHAL UND KLEIN TIROL

Kirchen – Asdorftalradweg

47

Auf der ehemaligen Bahntrasse zwischen Kirchen und Freudenberg verläuft heute ein Radwanderweg, mit dessen Bau eine durchgehende Radverbindung bis über Olpe hinaus geschaffen wurde. Die insgesamt 60 Kilometer lange Strecke führt aus dem Siegtal durch das schöne Wildenburger Land bis zum Biggesee. Von dort schließt sich über die alte Hansestadt Attendorn die Verbindung bis nach Finnentrop an der Lenne an. Diese 2-Länder-Tour beginnt und endet jeweils an Bahnhöfen.

Der erste Abschnitt der Tour nennt sich Asdorftalradweg und führt von Kirchen an der Sieg durch das Asdorftal bis nach Oberasdorf hinter Niederfischbach. Die knapp 12 Kilometer lange Strecke hat kaum Steigung, sodass sie sich auch für jene eignet, die nicht gleich für die Tour de France trainieren möchten.

Los geht's am Kirchener Bahnhof und von dort über die ehemalige Eisenbahnbrücke Am Riegel Richtung Wehbach, weiter durch das romantische Junkernthal mit seinem gleichnamigen Schloss, zu dem auch die Alte Rentei, ein spätmittelalterlicher Adelssitz, gehört. Bestens erhalten ist das schöne Fachwerk-Torhaus aus dem Jahre 1742. Fast fernöstlich mutet das gleich nebenan gelegene Taubenhaus mit seinem Pagodendach an. Ein Stückchen weiter, direkt am Asdorfer Bach, steht der barocke Pavillon, ein wahres Schmuckstück, das man am liebsten gleich einpacken und in den eigenen Garten verpflanzen möchte.

Weiter geht's durch Niederfischbach. Hier grüßt der ›Siegerländer Dom‹, die katholische Pfarrkirche, und auch ein Tierpark und ein Eisenbahnmuseum laden zu einem Abstecher ein. In Oberasdorf lädt ein Spielplatz mit Seilbahn die Jüngsten ein, und am Weiher endet der Asdorftalradweg schließlich. Doch hier knüpft gleich die Weiterführung der 2-Länder-Tour durchs historische Freudenberg nach Wildenburg / Bahnhof an – wer Lust hat, kann also einfach weiterradeln. Auf der 9 Kilometer langen, steigungsarmen Teilstrecke durchquert man einen 400 Meter langen beleuchteten Tunnel und fährt anschließend durch eine besonders idyllische Landschaft, die auch Klein Tirol genannt wird.

Hinter Wildenburg/Bahnhof lohnen sich Abstecher zur Wildenburg und zum Wasserschloss Crottorf. Kein Winterdienst auf dem Radweg!

VERKEHRSVEREIN LUFTKURORT FREUDENBERG E. V. ///
KULTOURBACKES /// KÖLNER STRASSE 1 /// 57258 FREUDENBERG ///
0 27 34 / 4 31 64 /// WWW.FREUDENBERG-TOURIST.DE ///

DIE SCHÖNE IST NICHT EITEL

Freudenberg – Alter Flecken

48

Wer Freudenbergs historischen Stadtkern besucht, tritt eine Zeitreise an. Nur ein paar Schritte, und wir befinden uns mitten im 17. Jahrhundert. Der Alte Flecken Freudenberg ist bis heute in seiner originalen Bausubstanz erhalten geblieben und wurde in den Kulturatlas des Landes Nordrhein-Westfalen als ›Baudenkmal von internationaler Bedeutung‹ aufgenommen. Gleich zweimal brannte die Stadt völlig nieder. Der Wiederaufbau folgte einem einheitlichen Plan, der das charakteristische Ortsbild schuf.

Freudenberg ist sich seiner Anziehungskraft bewusst, das lassen schon die großzügigen Busparkplätze rund um den Ortsteil Alter Flecken erkennen. Was dieses Städtchen allerdings so sympathisch macht, ist seine mangelnde Eitelkeit. Die schmucken Häuser der einstigen Bürgerstadt, der bereits 1456 die ›Rechte eines Fleckens‹ zugesprochen wurden, werden noch immer von Bürgern bewohnt. In bester Lage hält sich ein altmodisches Schuhgeschäft, das auch Imkerhonig feilbietet, wie im Schaufenster zu erfahren ist.

Doch bei aller Bescheidenheit, die Schöne achtet auf sich: kein Ramsch, kein Nepp, kein Fastfood. Und genau diese Zurückhaltung ist es, die sie so liebenswert erscheinen lässt. Heimelige Gassen mit sorgfältig restaurierten Häusern, ein paar geschmackvolle Andenkenläden, eine Eisdiele: So macht Bummeln Spaß. Auch auf eine gepflegte Gastronomie braucht niemand zu verzichten. Wer mag, kehrt gleich am Ortseingang stilecht im historischen Weinhaus Zum Knoten ein. Doch bevor man sich dort auf einen Schoppen niederlässt, sollte man keinesfalls den Besuch des Kurparks oberhalb der Stadt versäumt haben: Der Ausblick auf das wohlgeordnete schwarzweiße Häusermeer entschädigt vielfach für den steilen Treppenaufstieg. Die pittoreske Anmutung des Ortsbilds aus der Vogelperspektive ist auf die einheitliche giebelständige Ausrichtung der Häuser zurückzuführen. Sie entstammt dem Jahre 1666, auf das man von hier oben geradewegs zurückzublicken scheint.

Ein Besuch lohnt auch in der kälteren Jahreszeit, dann hat man die Stadt für sich. Besonders romantisch zur Weihnachtszeit!

SÜDWESTFÄLISCHE FREILICHTBÜHNE FREUDENBERG E. V. ///
KUHLENBERGSTRASSE /// 57258 FREUDENBERG /// 0 27 34 / 48 96 99 ///
WWW.FREILICHTBUEHNE-FREUDENBERG.DE ///

SPIELVERGNÜGEN BEI WIND UND WETTER

Freudenberg – Freilichtbühne

49

Wenn es rumst und kracht, wenn bunte Blitze zucken und Sterne vom Himmel regnen, dann muss nicht unbedingt Silvester sein. Es könnte sich auch um eine Theateraufführung der Südwestfälischen Freilichtbühne Freudenberg handeln, deren Abendvorstellungen zusätzlich durch beeindruckende pyrotechnische Effekte glänzen. Doch nicht nur die lösen bei den Besuchern alljährlich Begeisterungsstürme aus.

Keine Frage: Die 1954 gegründete Freilichtbühne Freudenberg ist im Siegerland eine echte Institution. Bis zu 50.000 Besucher finden sich alljährlich in dem ehemaligen Steinbruch ein, der nur einen Katzensprung vom Freudenberger Alten Flecken entfernt liegt, um Theatervergnügen pur zu genießen.

Pro Spielsaison wartet der Theaterverein mit je einer Neuinszenierung für Kinder und Erwachsene auf. Für die Kinderstücke, bei denen auch auf der Bühne der Nachwuchs dominiert, wurde ihm bereits 1996 das Prädikat ›kinderfreundlich‹ verliehen. Die Darsteller selbst sind seit jeher Amateure, allerdings mag man angesichts der Professionalität der Darbietungen kaum von Laienspiel sprechen. Allein schon die Bühne hat Profiqualitäten: Bei 40 Metern Breite verfügt sie über zwei vollelektronisch steuerbare Drehbühnen sowie Ton- und Beleuchtungseinrichtungen nach neuestem Stand. Die 800 Zuschauerplätze sind voll überdacht, sodass man sich vor Wind und Wetter nicht fürchten muss.

Die Vorführungen selbst werden von den 140 Mitgliedern des Vereins ausgearbeitet, ungefähr 70 Darsteller absolvieren bis zu 60 Vorstellungen pro Spielsaison, ein Knochenjob. Warum er sich diese Arbeit macht, frage ich Jens Benner, den Regisseur des Kindertheaters. Weil er gern in viele glückliche Gesichter sieht, lautet die überzeugende Antwort. Allen Beteiligen macht die Arbeit ungemein Spaß, und nicht nur ihnen: Ob der Zauberer von Oz in seinen qualmenden Mobil über die Bühne donnert oder Mrs. Raymonde Chandebise ein Floh ins Ohr gesetzt wird: Action, Spielfreude und Witz sind garantiert, und immer darf man sich bestens unterhalten fühlen.

Theater für Kinder ist eine Herzensangelegenheit der Freilichtbühne. Schulen und Kindergärten werden entsprechende Sonderkonditionen, Besuchstermine und Besichtigungsmöglichkeiten eingeräumt.

ROTE KAPELLE //// ZIEGENSCHLADE /// 51598 FRIESENHAGEN ///

VON BLUMEN, KRAFT UND WÜRDE

Friesenhagen – Rote Kapelle

50

Der Blumenberg nahe der Ortschaft Friesenhagen ist ein ganz besonderes Fleckchen Erde. Schön ist es hier, nicht nur wegen der Aussicht. Die Leute aus der Umgebung kommen her, um den Tag zu pflücken, um Sonne zu tanken: Hier steht sie schon ganz früh am Himmel, bleibt dem runden Hügelbuckel den ganzen Tag lang treu und geht erst unter, wenn im Umland schon längst die Dämmerung hereingebrochen ist.

Dieser Ort habe eine besondere Magie, erzählt mir spontan die erste Wanderin, der ich begegne. Genau das, was ich auch gerade gedacht habe! Wer sich hier oben trifft, der bleibt gern einmal auf ein Schwätzchen stehen. Sie komme oft hierher, erzählt mir die ältere Dame mit der lustigen roten Mütze, es sei ein energetischer Ort, von der guten Luft ganz zu schweigen. Ein Kraftort, kein Wunder, dass man sich hier oben im Sommer gern zwanglos zum Tai-Chi trifft.

Der Blumenberg hat viele Gesichter: Wenn die Schafe kommen und ihn wie unzählige Wattewölkchen schmücken, wenn der Löwenzahn blüht und seine Wiesen in ein gelbes Meer verwandelt … wenn im zarten Morgendunst das Glockenspiel der Kapelle übers Land weht, wenn bei Sonnenuntergang Himmel und Erde zu brennen scheinen, wenn sich der Schnee wie eine glatte Daunendecke über die Hügelkuppe legt …

Nun ist es so, dass Orte mit besonderer Ausstrahlung immer besondere Geschichten zu erzählen haben, leider oft auch besonders grausame, wie eben diese: Wo die schmucke Anna-Kapelle, von zwei mächtigen Linden flankiert, auf der Hügelkuppe thront, war einst während der Wildenburger Hexenprozesse (1613–1652) die Hinrichtungsstätte. Hier brannten die Hexenfeuer, hier fanden über 200 Menschen den Tod.

Die Rote Kapelle, wie sie im Volksmund genannt wird, wurde im 17. Jahrhundert errichtet und der Heiligen Anna geweiht. Sie erhielt jenen roten Anstrich, um an das geflossene Blut der Unschuldigen zu erinnern. Und noch heute mahnt ein Schild die Besucher, die Würde des Ortes zu wahren.

Wer sich für die Geschichte der Wildenburger Hexenprozesse interessiert, wird unter www.friesenhagener-geschichte.de fündig.

VERBANDSGEMEINDEVERWALTUNG TOURISTIKINFORMATION ///
LINDENSTRASSE 1 /// 57548 KIRCHEN (SIEG) /// 0 27 41 / 68 81 06 ///

EIN VOM HIMMEL GEFALLENES STÜCK PARADIES

Wasserschloss Crottorf

51

»Ein Stück Paradies, das aus dem Himmel gefallen ist«, schwärmte der italienische Künstler und Baumeister Domenico Rossi im Jahre 1661. Zu diesem Zeitpunkt war das Schloss bereits über 100 Jahre alt. Es ging aus einem spätmittelalterlichen Burgsitz der Ritter von Seelbach hervor und wurde mehrfach um- und ausgebaut. Seit 1563 befindet sich Schloss Crottorf im Besitz der Familie von Hatzfeldt. Schloss Crottorf liegt im Wildenburgischen Land bei Friesenhagen in der rheinland-pfälzischen Verbandsgemeinde Kirchen westlich von Siegen.

Gäbe es an diesem entrückten Ort nicht schon das Schloss, müsste es erbaut werden, so harmonisch fügt sich das Gebäudeensemble in das entlegene Tal im Wildenburger Land. Die Spiegelung der Bruchsteinmauern, Schieferdächer und barocken Turmhauben auf der glatten Wasseroberfläche, der verwunschene Park mit uraltem Baumbestand, das Murmeln des nahen Baches: Dieser Ort hat ohne Zweifel etwas Meditatives. Kein Wunder, dass sich ganz in der Nähe eine Yogaschule niedergelassen hat.

Bewohnt wird das Schloss von Hermann Graf Hatzfeldt, einem Neffen der großen Marion Gräfin Dönhoff, Mitherausgeberin der ›Zeit‹, die im Jahre 2002 auf Schloss Crottorf verstarb. Graf Hatzfeld gilt als engagierter Umweltschützer und hat sich als einer der größten deutschen Privatwaldbesitzer um eine ökologisch ausgerichtete Waldwirtschaft verdient gemacht. 1998 wurde er zum Ökomanager des Jahres gewählt und erhielt den WWF-Sonderpreis für Unternehmer, die gleichermaßen ökologische, ökonomische und soziale Belange in ihr unternehmerisches Handeln einfließen lassen. Dass er nicht nur Natursondern auch Kunstfreund ist, beweisen die zahlreichen Objekte im Schlossgarten. Und wer sich einen buntgeblümten Ohrensessel in den Park stellt, in dem wahlweise ein Riese oder fünf Kinder Platz nehmen können, der muss ohne Zweifel auch über Humor verfügen. Humor braucht auch, wer das Schloss nicht auf Anhieb findet. Das Wildenburger Land klotzt nicht gerade mit Hinweisschildern. Doch wer erst weiß, wo es liegt, der wird sehen – es ist wunderschön.

Die Außen- und Parkanlagen können besichtigt werden. In jedem Fall vorher die Öffnungszeiten beachten!

ZYANKALI
GRAPPA
CELLINI
Otard
RAMAZZOTTI
AMARO
FRATELLI RAMAZZOTTI
MILANO
KUCHENSCHLÖSSCHEN /// MÜHLENWEG 1 /// 57548 KIRCHEN ///
0 27 41 / 6 16 71 /// WWW.KUCHENSCHLOESSCHEN.DE ///

KUCHEN UND KULTUR IM SCHLÖSSCHEN

Kirchen – Kuchenschlösschen

11/11

In Kirchen an der Sieg wollte ein Münchner Bauherr den Siegerländern einst zeigen, was ein richtiges Stadthaus ist – und scheiterte an dem Steilhang, der ins Rutschen geriet. Das Werk zu vollenden gelang zwar später, und das mächtige Haus steht heute sicher. Der Hang rutscht allerdings immer noch ein bisschen, was eine Nutzung verhindert. Familie Baldus machte aus der Not kurzerhand eine Tugend und quartierte ein Ziegenpärchen auf dem abschüssigen Gelände ein.

Wer ein durchdesigntes In-Café erwartet, braucht die Steigung hinauf zum Kuchenschlösschen gar nicht erst auf sich zu nehmen. Alle anderen dürfen es sich jedoch getrost auf den gepolsterten Stühlen gemütlich machen und den lieben Gott für einen Weile einen guten Mann sein lassen. Wenn die Sonne scheint, bietet sich auch ein Plätzchen auf der schmucken Aussichtsterrasse an.

Als Kind habe er oft zu dem großen Haus mit dem markanten Turm hinaufgeschaut und gedacht: »Das hätte ich mal gern«, erzählt Gerhard Baldus schmunzelnd. Als sich Jahre später die Gelegenheit zum Kauf bot, griff er zu – und hat es bis heute nicht bereut. Seit Mitte der 80er-Jahre führt er nun zusammen mit seiner Frau Dorothea das Café. Beide sind Gastronomen aus Leidenschaft – wer sie kennenlernt, spürt das sofort. Hier fühlt man sich einfach wohl.

Produkte mit hohem handwerklichen Niveau anzubieten, ist der Ehrgeiz des Konditormeisters. Am Wochenende haben die Gäste die Qual der Wahl zwischen 40–50 Kuchen- und Gebäcksorten, ähnlich groß ist das Angebot an offenen Weinen. Auch Sohn Jonas ist inzwischen ins Unternehmen eingestiegen und erweitert als gelernter Koch das Speisenangebot. Guter Service ist selbstverständlich. Wenn es die Zeit erlaubt, gehört es für Gerhard Baldus auch dazu, dass er die Radfahrer, die vom Siegtalradweg kommen, mal eben schnell mit dem Auto zum Aussichtspunkt Ottoturm fährt. Mit dem Rad ist die Steigung einfach mörderisch. Und weil's immer so schön ist, finden im Kuchenschlösschen auch noch regelmäßig Events statt – vom Puppentheater bis zum Open-Air-Konzert. Was wünscht man sich mehr?

Im November gibt's drei Wochen lang Gänseessen. Unbedingt vorher reservieren!

JUGENDHERBERGE FREUSBURG /// BURGSTRASSE 46 ///
57548 KIRCHEN-FREUSBURG /// 0 27 41 / 6 10 94 ///
WWW.DJH-WL.DE/JH/FREUSBURG ///

EINE BURG, IN DER ES SICH WOHNEN LÄSST

Kirchen – Freusburg

52

Hoch über der Sieg und weithin sichtbar erheben sich die Mauern der Freusburg, einer beeindruckenden Burganlage aus dem 11. Jahrhundert. Die Burg gehört zum gleichnamigen Ortsteil, der erstmals im 9. Jahrhundert urkundlich erwähnt wurde. Bereits seit 1928 wird die Freusburg als Jugendherberge genutzt. Hier lässt sich das Rittertum noch hautnah erleben, ohne auf neuzeitliche Annehmlichkeiten verzichten zu müssen.

Die Zeiten von herbrustikalem Schlafsaal-Charme und der Wahlfreiheit zwischen Pfefferminz- und Hagebuttentee sind längst vorbei. Auch der Herbergsvater, diese legendäre Mischung aus Vader Abraham und Knecht Ruprecht, ist längst passé. Als Leiter eines modernen Beherbergungsbetriebs versteht sich Matthias Schramm, der die Jugendherberge seit 2008 führt. Geblieben ist allerdings der intensive Kontakt zu den kleinen und großen Gästen, die das Team der Freusburg davon überzeugen möchte, dass zeitgemäße Ausstattung und moderner Service auch mit einer mittelalterlichen Burg nicht im Widerspruch stehen müssen. Das Konzept der Kombination von Mittelalter und Moderne geht auf: Bei Schulklassen, Familien und Wanderern erfreut sich die Burg gleichermaßen großer Beliebtheit. Auch Tagungen und Seminare können hier abgehalten und sogar Hochzeiten gefeiert werden. Der historische Rittersaal oder der Musiksaal mit seiner guten Akustik bieten reichlich Platz in stimmigem Ambiente. Ein stimmiges Umfeld bietet auch die schöne, waldreiche Umgebung, die zu Wanderungen, Spaziergängen und Mountainbiketouren einlädt.

Ein besonderes Vergnügen ist und bleibt der Besuch der Burg aber für Kinder: Hier können sich angehende Burgherren und Burgfräulein nach Herzenslust austoben, und ein buntes Veranstaltungsprogramm wie das Ritterpowerwochenende oder der Familiengruselspaß rund um Halloween sorgen auch bei schlechtem Wetter für beste Stimmung.

Der Qualitätswanderweg Druidensteig startet an der Jugendherberge. Erste Etappe bis Betzdorf etwa 24 Kilometer, Rückfahrt mit dem Zug bis zur Station Freusburg-Siedlung möglich.

TOURISTIKINFORMATION VERBANDSGEMEINDE KIRCHEN ///
LINDENSTRASSE 1 /// 57548 KIRCHEN (SIEG) /// 0 27 41 / 68 81 06 ///
WWW.KIRCHEN-SIEG.DE ///

HISTORISCHE INDUSTRIEKULTUR GANZ ROMANTISCH

Kirchen – Freusburger Mühle

53

Ein einmaliges Zusammenspiel romantischen Dorflebens und historischer Industriekultur bietet der Kirchener Stadtteil Freusburger Mühle. Er ist nur über eine Brücke über die Sieg zu erreichen – wer sie passiert, scheint eine ganz eigene Welt zu betreten. Rund 200 Menschen leben hier, und ihre Geschicke sind eng mit der gleichnamigen Mühle verknüpft.

Bereits im 15. Jahrhundert wurde die Freusburger Mühle urkundlich erwähnt. Im 17. Jahrhundert wechselte sie auf die linke Flussseite, vermutlich, um hier die Wasserkraft besser nutzen zu können. Dies machte einen Brückenbau über die Sieg erforderlich.

Bis zur Aufhebung des Mahlzwangs 1845 war sie Bannmühle, 1888 wurde sie zur Walzenmühle ausgebaut und bis 1978 als Kornmühle genutzt. Bis heute ist das markante, efeubewachsene Mühlengebäude mit seinen beiden Silotürmen bestens erhalten geblieben. Die historischen Industriebauten bilden ein einmaliges Ensemble mit Gründerzeitvillen, Fachwerkgebäuden und Wasser – ein Sehnsuchtsort, an dem man gern bleiben möchte.

Ein Ort, der erhalten bleiben sollte, das wünschte sich auch Friedhelm Schmidt, als er sich vor über 25 Jahren dazu entschloss, seinem Schwiegervater die Mühle gemeinsam mit seinem Freund Hans-Joachim Thomas abzukaufen. Dessen Familie war bereits seit dem Dreißigjährigen Krieg im Mühlenbesitz, wohingegen die Familie Schmidt auf eine lange Tradition als Mühlenknechte zurückblickt – so ändern sich die Zeiten. Doch der Kauf aus Heimatliebe war ein finanzielles Wagnis, denn das denkmalgeschützte Gebäude kann nur in sehr begrenztem Umfang genutzt werden. Zwar wird die Wasserkraftanlage, die einst die Mühlwalzen angetrieben hat, heute zur Stromerzeugung eingesetzt, doch die Einnahmen aus der Energiegewinnung decken gerade einmal die Instandhaltungskosten des Gebäudekomplexes und der Wasserkraftanlage selbst, erklärt Friedhelm Schmidt. Daher ist er stets auf der Suche nach neuen Nutzungsmöglichkeiten. An Ideen mangelt es nicht, allein, es fehlt noch an geneigten Investoren.

Sowohl der SiegtalRadweg als auch der Druidensteig führen durch den Ort.

OTTOTURM /// AM OTTOTURM /// 57548 KIRCHEN-HERKERSDORF ///
WWW.OTTOTURM-KIRCHEN.DE ///

FERNE, IN DER TRÄUME SCHWEBEN

Kirchen-Herkersdorf – Ottoturm

54

Zugegeben, schöne Aussichten gibt es viele in der Region, aber besonders lohnend ist die vom Ottoturm auf dem Kahlberg in Kirchen-Herkersdorf, einem stählernen Aussichtsturm in gut 400 Metern Höhe. Hier oben genießt man einen herrlichen Ausblick über den Westerwald bis hinauf zum Siebengebirge, auf die Freusburg, den Giebelwald und die mächtige Siegtalbrücke bei Eiserfeld. Nur Fliegen ist schöner!

Wer sich hinaufwagt, sollte allerdings schwindelfrei sein, heute wie vor einhundert Jahren, als der Turm errichtet wurde. Doch heute wie damals belohnt die Aussicht.

1911 ließ der Kirchener Verkehrsverein den Turm auf dem Kahlberg errichten, die feierliche Eröffnung folgte im Mai 1912. Benannt wurde der Stahlriese nach seinem vornehmsten Spender Otto Stein, einem Industriellen aus Kirchen, der den Löwenanteil der damaligen Baukosten von 2000 Mark trug. Seither galt der Turm als beliebtes Ausflugsziel in der Region. Leider hält auch Stahl nicht ewig, und so musste das Bauwerk im Jahre 2006 aus Sicherheitsgründen gesperrt und 2009 schließlich abgebrochen werden.

Doch die Kirchener wollten ihren Turm wiederhaben, und mit diesem Ansinnen trat der ›Verein zum Erhalt kulturhistorischer Stätten der Stadt Kirchen – Freunde des Ottoturms‹ auf den Plan. Er entwickelte ein pfiffiges Konzept, das es jedem Bürger ermöglichen sollte, sein Engagement für die Heimat öffentlich zu bekunden. ›Wer zu spät kommt, erhält keine Stufe mehr!‹ schreibt die Verbandsgemeinde Kirchen über eben jenen Plan: die Übernahme der Patenschaft für eine Treppenstufe. Zum Dank erhielt jeder Spender ein Stufenschild mit seinem Namen. Eine gute Idee, fanden die Kirchener, denn der Plan ging auf: Seit 2010 steht der Turm wieder, mit einer Höhe von 16 Metern stattlich wie eh und je.

Kurze Information für potentielle Bauherren, die ihren Garten ein bisschen aufmotzen wollen: Heutzutage kostet so ein Turm etwa 135.000 Euro.

Direkt am Ottoturm vorbei führt der Druidensteig, ein sehr schöner, hervorragend beschilderter Wanderweg. Ihm kann man über etwa 4,5 Kilometer zum Druidenstein folgen.

TOURISTIKINFORMATION VERBANDSGEMEINDE KIRCHEN ///
LINDENSTRASSE 1 /// 57548 KIRCHEN (SIEG) /// 0 27 41 / 68 81 06 ///
WWW.KIRCHEN-SIEG.DE ///

HEILIGER ORT UND OPFERSTÄTTE

Kirchen-Herkersdorf – Druidenstein

55

Oberhalb von Herkersdorf findet sich der Druidenstein, ein mächtiger, etwa 20 Meter hoher Basaltkegel. Er entstand in der Tertiärzeit vor ungefähr 25 Millionen Jahren und ist vulkanischen Ursprungs. Heiße Lava zwängte sich aus dem Erdinnern empor und erstarrte schließlich zu gigantischen Basaltsäulen. Wegen seiner herausragenden erdgeschichtlichen Bedeutung ist der Druidenstein als Nationaler Geotop ausgezeichnet.

Wer vor ihm steht, kann seine Ausstrahlung spüren: Über Jahrtausende hinweg galt der Druidenstein als heiliger Ort. Die Chatten sollen hier eine Thingstätte errichtet haben, und den keltischen Druiden diente er als Opferstätte zu Ehren ihrer Götter.

Noch heute erzählt man sich die schauerliche Sage von Herke, der Tochter eines Stammesfürsten: Jungfrauen von edler Geburt waren ausersehen, die heiligen Handlungen zu begehen, und mit großer Ehrfurcht vor ihrem Amt entsagten die Druidinnen allen irdischen Versuchungen. Die edle Herke aber verliebte sich unsterblich in einen schönen Jüngling, folgte ihm an einem Sonnwendabend und wurde seine Frau. Dieses Unrecht musste gesühnt werden: Häscher setzten den beiden nach, erstachen den jungen Mann und verschleppten Herke zur Opferstätte, um sie mit ihrem Blut für den Frevel büßen zu lassen. In Vollmondnächten aber, so heißt es, könne man noch heute bis hinunter ins Tal ihr Jammern und Wehklagen hören.

Eine Stimme aus dem Jenseits? Wir machen die Probe aufs Exempel. In einer eisigen Februarnacht postieren wir uns mit unserem Wohnmobil auf dem kleinen Parkplatz unterhalb des Felsens. Kalendarisch herrscht Vollmond, doch der lässt sich nicht blicken. Eine fast unwirkliche Stille umgibt diesen Ort. Schließlich ist Mitternacht vorüber, das mitgebrachte Pils getrunken, nichts geschehen. Ein letzter Blick aus dem Fenster: Schräg hinter der Felsspitze bricht ein schwindsüchtiger Mond hervor. Noch immer ist kein Laut zu hören, wir legen uns schlafen. Doch auf einmal …

Oberhalb der Kirche in der Druidenstraße führt ein Kreuzweg und parallel der Druidensteig hinauf zum Felsen. Wer weniger gut zu Fuß ist, folgt der Beschilderung im Ort.

VERBANDSGEMEINDE BETZDORF /// HELLERSTRASSE 2 ///
57518 BETZDORF /// 0 27 41 / 29 10 /// WWW.BETZDORF.DE ///
WWW.DRUIDEN-STEIG.DE ///

VON DER FREUSBURG BIS ZUR ABTEI MARIENSTATT

Druidensteig

56

Über fünf Berghöhen führt der Weg, durch fünf Naturschutzgebiete, fünf Wasserläufe kreuzt er, und fünf bedeutende Sehenswürdigkeiten grüßen unterwegs: Die Zahl Fünf ist sozusagen Programm und auch auf dem markanten Logo des Druidensteigs vertreten. Auf einer Länge von 75 Kilometern verbindet der Qualitätswanderweg das Siegerland mit dem nördlichen Westerwald. Er beginnt auf der Freusburg und endet in Marienstatt.

Seinen Namen verdankt er dem Druidenstein bei Herkersdorf. Dieser gehört zu den sehenswerten fünf, die durch die Freusburg, das Besucherbergwerk Bindweide, das Schloss Friedewald und die berühmte Abtei Marienstatt ergänzt werden. Hinzu kommen weniger bekannte, aber nicht minder reizvolle Wegmarken wie etwa die uralte Hüllbuche am Nordrand von Daaden, die vermutlich schon den Dreißigjährigen Krieg erlebte, das gruselig anmutende Schieferbergwerk auf dem Assberg oder die uralte Nisterbrücke nahe des Klosters Marienstatt.

Mein Favorit aber sind die Wälder in ihrer wunderbaren, heute so selten gewordenen Artenvielfalt. Und wie schön es doch ist, entlang murmelnder Wasser zu wandern! Gelegenheit dazu gibt es reichlich, treffen wir unterwegs doch auf Sieg und Daade, Heller, Elbbach und Nister. Die gesamte Strecke glänzt durch hervorragende Beschilderung, hilfreich und nützlich ist auch die Einteilung in vier Tagesetappen einschließlich der Portalschilder mit Etappenzielen und Höhenprofilen. Die erste Etappe beginnt an der Freusburg hoch über der Sieg und führt an der Freusburger Mühle vorbei hinauf zum Aussichtspunkt Ottoturm. Weiter geht es durch das Imhäusertal über den Kreuzweg zum Druidenstein und durch den Wald nach Herdorf, das man nach 16,9 Kilometern erreicht. Die nächste Etappe führt von Herdorf nach Friedewald (14,6 Kilometer); dann von Friedewald nach Alsdorf (20,3 Kilometer) und schließlich von Alsdorf zum Kloster Marienstatt (21,2 Kilometer). Welche Etappe die Schönste ist, muss jeder für sich selbst entscheiden!

Die genauen Etappen, Wegbeschreibungen und so weiter finden sich auf den ausführlichen Internetseiten des Druidensteigs.

MUSEUM FÜR GEGENWARTSKUNST SIEGEN /// UNTERES SCHLOSS 1 ///
57072 SIEGEN /// 02 71 / 4 05 77 10 /// WWW.MGK-SIEGEN.DE/ ///

KUNST MACHT GLÜCKLICH

Siegen – Museum für Gegenwartskunst

57

Allein das Gebäude ist einen Besuch wert: Das Museum für Gegenwartskunst befindet sich im Alten Telegrafenamt und einem von Josef Paul Kleihues geschaffenen Neubau, eine Kombination, die als überaus gelungen bezeichnet werden kann. Im runden Turm mit seinen leuchtend bunten Glasfenstern, über dessen Wände eine Pferdeherde galoppiert, macht sogar das Treppensteigen Spaß. Die kalifornische Künstlerin Diana Thater hat hier eine begehbare, sich über mehrere Etagen erstreckende Projektionsfläche geschaffen.

Auch in die scheinbar sachlich distanzierten und doch in Prunk und Pomp schwelgenden Fotografien der Candida Höfer verliebe ich mich sofort. Beim zweiten Hinsehen lässt sich durchaus erkennen, dass sie eine langjährige Schülerin von Bernd und Hilla Becher war. Die große Werksgruppe Siegerländer Fachwerkhäuser, die das Fotografenehepaar seziererisch kühl präsentiert, bildet ein Kernstück des Museums und schafft zugleich einen regionalen Bezug: Bernd Becher wurde in Siegen geboren und ist hier aufgewachsen. Eine schöne thematische Ergänzung sind die von Siegener Studenten geschaffenen Miniaturnachbauten der abgelichteten Fachwerkhäuser.

Regionalbezug auch in der Sammlung Lambrecht-Schadeberg: Sie präsentiert dauerhaft die Sieger des Rubenspreises der Stadt Siegen, unter ihnen Francis Bacon, Lucian Freud, Sigmar Polke oder Maria Lassnig.

Passend zur modernen Kunst wird ein frisches Veranstaltungsprogramm serviert. Eine nette kleine Idee ist beispielsweise die ›Kunstpause‹ donnerstagmittags: Kunstgenuss statt Kantinenkost. Sympathisch auch, dass hier immer mal wieder umgeräumt wird. Die Exponate ziehen um und finden sich in anderen Kontexten wieder. Man kennt das von zu Hause … Auch dies ein schöner Einfall: Menschen sehr unterschiedlicher Professionen wurden nach ihrem Lieblingsbild befragt. Die Antworten samt Begründungen können auf Tafeln unterhalb der jeweiligen Bilder nachgelesen werden. So sagt eine Betrachterin über ihr Bild, es mache sie glücklich. Sicher das schönste Kompliment, das man einem Künstler machen kann. Vor allem, wenn er noch lebt.

Für Familien gibt es ein preiswertes Kombiticket, das auch einen Besuch des Siegerlandmuseums im Oberen Schloss ermöglicht. An der Kasse nachfragen!

TOURISTENINFORMATION /// RATHAUS /// MARKT 2 /// 57072 SIEGEN ///
02 71 / 4 04 13 16 /// WWW.SIEGEN.DE ///

DIE SCHÖNE IST DAS WAHRZEICHEN DER STADT

Siegen – Krönchen

58

Weithin sichtbar schmückt es die Spitze der Nikolaikirche – das Krönchen, wie die Siegener ihr Wahrzeichen liebevoll nennen. Mit einer Höhe von 1,90 Metern und einer Breite von etwa 2,35 Metern dürfte es sich allerdings um die ziemlich ausgewachsene Version einer Krone handeln. Da das Original etwas in die Jahre gekommen ist, ziert heute ein Replikat die Turmspitze. Die echte Version hängt in der Turmhalle der Kirche.

Das Krönchen hat es mir angetan. Es blitzt so fröhlich in der Sonne, es funkelt so edel im Abendlicht. Es erinnert mich an Märchen, an weise Könige und edle Prinzessinnen, die Frösche küssen müssen. Märchen wird Johann Moritz Fürst zu Nassau-Siegen allerdings kaum im Sinn gehabt haben, als er 1652 der reformierten Kirchengemeinde die Turmbekrönung stiftete. Anlass für die spendable Geste war seine Erhebung in den Fürstenstand. Fortan diente die Krone als weithin sichtbares Zeichen seiner Macht, und noch heute markiert sie den höchsten Punkt der Stadt.

Schlicht und licht wie das Krönchen, das als Meisterwerk der Eisenschmiedekunst gilt und in der Haardter Hammerschmiede gefertigt wurde, so die Kirche, die es ziert. Sie wurde bereits im 13. Jahrhundert erbaut, und ihr Grundriss in Form eines romanischen Hexagons ist einzigartig in Deutschland. Eine mittelalterliche Marktkirche war sie, von Buden umgeben, und Markt findet noch heute zu ihren Füßen statt.

Die Nikolaikirche birgt noch einen weiteren Schatz, auch dieser von Fürst Johann Moritz gestiftet: eine in Silber gearbeitete, vergoldete Taufschale von seltener Schönheit. Der Fürst hatte sie aus Brasilien mitgebracht, wo er acht Jahre lang als Generalgouverneur tätig war – ein Amt, das ihm seinen Beinamen ›der Brasilianer‹ einbrachte. Die Taufschale, in einer peruanischen Inkawerkstatt gefertigt und Johann Moritz von einem kongolesischen König als Geschenk vermacht, dient in der evangelischen Kirchengemeinde Nikolai noch heute ihrer Bestimmung.

Wer die Kirche von innen besichtigen will, sollte auf die Öffnungszeiten achten!

SIEGERLANDMUSEUM /// IM OBEREN SCHLOSS /// BURGSTRASSE ///
57072 SIEGEN /// 02 71 / 23 04 10 /// WWW.SIEGEN.DE ///

REDEN IST SILBER, SCHWEIGEN IST GOLD

Siegen – Siegerlandmuseum Oberes Schloss

59

Hoch auf dem Siegberg thront das Obere Schloss. Es war Stammsitz des Nassauischen Fürstenhauses und Residenz des katholischen Familienzweigs. Seit 1905 beherbergt es das Siegerlandmuseum, das sich mit Themen regionaler Wirtschaftsgeschichte befasst, ferner mit dem Sammlungsbereich Nassau-Oranien und Nassau-Siegen, außerdem Wohnkultur des 19. Jahrhunderts. Sein ganzer Stolz aber ist die Rubens-Sammlung mit Originalen des in Siegen geborenen Barockmalers.

Macht und Ohnmacht, Ränke und Intrigen, Liebe, Leidenschaft, Verrat und Tod: Im Oberen Schloss findet sich reichlich Stoff für ganz großes Kino. Man muss ihn nur kennen, sonst läuft man Gefahr, orientierungslos zwischen alten Schinken herumzuirren.

Wer die Geschichte kennt, weiß den strengen Blick Wilhelms I., Fürst von Oranien Graf zu Nassau, zu deuten: ein Machtmensch durch und durch. Seinen Beinamen ›der Schweiger‹ soll er erhalten haben, weil er es verstand, an den richtigen Stellen den Mund zu halten. Ein rastloser Kämpfer war er, der die niederländischen Provinzen aus der Knechtschaft der Spanier führte. In der niederländischen Nationalhymne wird er noch heute als ›Vater des Vaterlandes‹ besungen. Was hatte ›der Schweiger‹ mit einem gewissen Jan Rubens zu tun? Nun, der aus Antwerpen stammende Jurist besaß angeblich die Chuzpe, ein Verhältnis mit der unglücklichen Anna Herzogin von Sachsen zu beginnen – keiner Geringeren als der Gemahlin des Fürsten. Durch eine Schwangerschaft schien der Ehebruch bewiesen, die Prinzessin wurde in die Verbannung geschickt und Jan Rubens zum Tode verurteilt. Der Tod blieb ihm erspart, nicht aber lange Kerkerhaft. Ausgerechnet seine Ehefrau war es, die durch Zahlung eines beachtlichen Lösegelds seine Freilassung erwirkte. Man stellte ihn jedoch für weitere fünf Jahre unter Hausarrest, den er mit seiner Familie in Siegen antrat. Die Ehe überstand die Strapazen: 1577, im vierten Jahr der Verbannung, kam Peter Paul Rubens zur Welt, einer der größten Künstler seiner Zeit.

Spannende Einblicke in die Geschichte verleiht die Broschüre ›Auf den Spuren von Nassau und Oranien in Siegen‹ (kostenlos in der Tourismuszentrale erhältlich).

MIT MACHT UND TÜCKE

Wilhelm I. Fürst von Oranien Graf zu Nassau

Der seziererisch-kühle Blick Wilhelms I., Fürst von Oranien Graf zu Nassau, genannt ›der Schweiger‹, verfehlt auch nach fast 500 Jahren nicht seine Wirkung. Wer war dieser Mann, dessen Portrait im Oberen Schloss in Siegen zu bewundern ist? Im 10. Jahrhundert finden sich erste Belege für das Adelsgeschlecht der Nassauer. Sie verstanden es, über Generationen ihren Besitz zwischen Taunus und Westerwald kontinuierlich auszubauen und sich so ein großes Herrschaftsgebiet zu sichern.

Im Jahre 1255 schließlich teilten die Grafenbrüder Walram II. und Otto I. ihre Ländereien in zwei Hälften. Während Walram den südlichen Landesteil erhielt, fiel der sogenannten Ottonischen Linie der nördliche Landesteil mit den Städten Siegen, Dillenburg, Herborn und Haiger zu. Durch Landerwerb, Erbschaft und Heirat gelangten die Nassau-Siegener fortan auch in den Besitz von Gebieten in den Niederlanden, Luxemburg und Frankreich und bauten ihre Macht damit erheblich aus.

Im Jahre 1533 wird in Dillenburg Wilhelm I., Fürst von Oranien Graf zu Nassau, geboren, Sohn von Wilhelm Graf zu Nassau, genannt ›der Reiche‹, der zuvor das Dillenburger Land geerbt und dort 1536 die Reformation eingeführt hat.

Mit elf Jahren erbt nun der junge Wilhelm seinerseits Titel und Besitz seines Onkels René de Châlon, Fürst von Oranien und Graf zu Nassau. Das Erbe macht ihn zum begütertsten Hochadligen in den Niederländischen Provinzen. Doch Karl V. verlangt, dass das Kind fortan katholisch erzogen werden müsse, und zu diesem Zweck wird es an den kaiserlichen Hof in Brüssel geschickt. Wilhelms Onkel Heinrich III. hatte an Karls Erziehung mitgewirkt, was die traditionelle Verbundenheit Karls V. mit dem Hause Nassau erklärt.

Früh steigt Wilhelm bei Hofe zu einem der engsten Vertrauten des Kaisers auf. 1559 wird er von dessen Sohn Philipp II. von Spanien zum königlichen Statthalter der Grafschaften Holland, Zeeland und Utrecht ernannt. Trotz der rasanten Karriere wendet Wilhelm sich schließlich vom kaiserlichen Hof ab und wird Anführer des niederländischen Befreiungskampfes gegen die spanisch-katholische Vorherrschaft.

Der Kampf gegen die Habsburger kostet viel Geld, und so verwundert es nicht, dass Wilhelm nach dem Tod seiner ersten Frau um die Hand der immens reichen Protestantin Anna von Sachsen anhält. Die 1561 geschlossene Zweckehe gerät nicht glücklich, schon bald beschwert sich Wilhelm über die Zänkereien seiner intelligenten, kämpferischen Gattin. 1568 beschließt diese, obwohl mit dem dritten Kind schwanger, ihren Mann zu verlassen und nach Köln zu gehen. Dort holt sie juristische Beratung bei einem Advokaten namens Jan Rubens ein, der sie fortan in allen Rechtsangelegenheiten vertritt. Ob sich der verheiratete Familienvater nun tatsächlich auf eine Affäre mit Anna einließ oder nicht: Ihre neuerliche Schwangerschaft kommt Wilhelm zupass, da er seine Frau loswerden möchte. Rubens wird wegen Ehebruchs zum Tode verurteilt, das Urteil später in Haft umgewandelt. Nach einigen Jahren kommt er frei. Für Anna geht die Sache weniger glimpflich aus: Eingesperrt und ihrer Kinder beraubt, stirbt sie 1577 mit knapp 33 Jahren.

Mit Untertanen seines Dillenburger und Siegener Stammlandes hat Wilhelm inzwischen ein großes Heer gebildet, das er 1572 von der Ginsburg nahe Hilchenbach ausgehend in die Niederlande führt. Es folgen lange Jahre zahlloser Kämpfe gegen die Truppen des spanischen Feldherrn Herzog Alba.

Im Jahr 1581 erklären die nördlichen Sieben Provinzen ihre Unabhängigkeit von Spanien, und dem Fürsten von Oranien wird der Posten des Statthalters der neuen Republik angetragen. Philipp II., der Wilhelm inzwischen geächtet hat, setzt nun ein hohes Kopfgeld auf ihn aus. Am 10. Juli 1584 wird Wilhelm schließlich von dem katholischen Fanatiker Balthasar Gérard ermordet, eine Tat, für die dieser wenige Tage später gevierteilt wird. König Philipp II. erhebt dessen Familie jedoch in den Adelsstand und schenkt ihr die Güter Oraniens.

Wilhelm, der ›Vater des Vaterlandes‹, wie er noch heute in der niederländischen Nationalhymne besungen wird, liegt in Delft begraben. Seine Söhne wurden ebenfalls Statthalter der Niederlande, und sein Urenkel Wilhelm III., der ›letzte Oranier‹, erlangte 1688 die englische Krone.

TOURISTENINFORMATION /// RATHAUS /// MARKT 2 /// 57072 SIEGEN ///
02 71 / 4 04 13 16 /// WWW.SIEGEN.DE ///

ES GRÜNT SO GRÜN, WENN SIEGENS BLÜTEN BLÜHN

Siegen – Schlosspark

60

Hier grünt und blüht und duftet es, dass es eine Lust ist: Der Park des Oberen Schlosses ist der Lieblingsplatz der ganzen Stadt. In den Sommermonaten defilieren wochenends die Hochzeitsgesellschaften im Stundentakt vorbei, um sich vor der ansprechenden Kulisse fotografieren zu lassen. In der Tat ein würdiger Rahmen für Brautpaare: Auf der einen Seite das altehrwürdige Schloss, auf der anderen liegt die Stadt zu Füßen.

60.000 Blumen finden ihre Heimat im Park, dazu an die 50 Palmen, Bananenstauden, Zitronenbäume, Strelitzien, und, und, und. Wer den Schlosspark im Frühling und Sommer betritt, wähnt sich eher in subtropischen Gefilden als im rauen Mittelwesten. Alljährlich am 15. Mai, nach den Eisheiligen, verlassen die mediterranen Schätze ihr frostsicheres Winterquartier und lösen die bunte Frühlingsbepflanzung ab. Im September oder Oktober werden sie wieder ausgebuddelt.

Zur Pflege sind ständig vier Gärtner vor Ort, unterstützt von zahlreichen Hilfskräften, erklärt der verantwortliche Gärtnermeister Peter Schmitt von der städtischen Grünflächenabteilung. Die Mühe lohnt, denn das mediterrane Ambiente überträgt sich auf die Stimmung der Besucher: Locker geht es hier zu, Jung und Alt treffen sich zum Flanieren, Schwatzen, in der Sonne Liegen. Kinder können sich auf dem Spielplatz am Rande des Parks austoben, und ein Café mit Biergarten gibt es auch.

Perfekt zum Savoir-vivre passt der ›Sonntagnachmittag um 4 im Schlossgarten‹, ein musikalisches Sommerprogramm von Mai bis September. Unter riesigen gelben Sonnenschirmen können Besucher den Darbietungen der heimischen Musikszene lauschen; von den Original Siegener Stadtmusikanten über Live-Musik, und zwar unplugged, bis zu karibischen Klängen reicht das Programm. Jazz, Groove, Swing: alles ganz lässig, ganz entspannt. Genau das Richtige für einen Sonntagnachmittag.

Auf den Internetseiten der Stadt Siegen findet sich das komplette Programm von ›Sonntagnachmittag um 4 im Schlossgarten‹.

TOURISTENINFORMATION /// RATHAUS /// MARKT 2 /// 57072 SIEGEN ///
02 71 / 4 04 13 16 /// WWW.SIEGEN.DE ///

MIT DEM HÜBBELBUMMLER IN DIE ALTSTADT

Siegen – Marienkirche und Altstadt

61

Die katholische Marienkirche an der Löhrstraße ist die einzige Barockkirche Siegens. Dafür ist sie aber besonders hübsch geraten – und sehr fotogen. Egal aus welcher Perspektive, sie macht immer eine gute Figur. Die Grundsteinlegung des von dem berühmten Architekten Anton Hülse konzipierten Gebäudes erfolgte 1702 im Zuge der Gegenreformation, bis zur Fertigstellung sollten allerdings über 20 Jahre vergehen. 1944 fiel die Marienkirche den Bomben zum Opfer und wurde 1948 wiederaufgebaut.

Wie ein Sahnehäubchen thront die barocke Turmhaube der Jesuitenkirche Mariä Himmelfahrt über dem Altstadtviertel. Unmittelbar hinter der Kirche liegt der Pfarrer-Ochse-Platz, benannt nach einem Gemeindegeistlichen, der während der NS-Zeit wegen Widerstands inhaftiert wurde und später tatkräftig für den Wiederaufbau der Kirche sorgte. Unweit entfernt auch das mittelalterliche Viertel der Handwerkszünfte, in dem sich vor allem Lohgerber und Fleischer niedergelassen hatten. Der Stadtteil am Hang des Siegbergs blieb unversehrt von dem großen Bombenangriff am 16.12.1944, der das Zentrum Siegens nahezu vollständig zerstörte.

Heute ist das Altstadtviertel ein pittoreskes Idyll städtischer Wohnkultur mit beinahe dörflichem Charakter. Hier wohnen junge Familien ebenso wie studentische Wohngemeinschaften. Liebevoll restaurierte Häuser, kunstvoll bemalte Fassaden und bunte Blumenbeete schmücken die engen Gassen und laden zum Bummel ein. Wen die starken Steigungen hinauf zur Oberstadt schrecken, dem sei die Fahrt mit dem Hübbelbummler empfohlen, der doppelstöckigen Oberstadtbahn mit nostalgischem Ambiente. Mit dem Hübbelbummler lassen sich nahezu alle Sehenswürdigkeiten problemlos ansteuern. Vielleicht bleiben Sie aber auch gleich sitzen und genießen für kleines Geld eine unterhaltsame Stadtrundfahrt. Haltestellen in die Oberstadt (durch Hübbelbummler-Schild markiert): Siegen ZOB (Sieg Carré), Apollo Theater, Kölner Tor, Kunstmuseum, Alte Poststraße, Rathaus, Marburger Straße. Gute Fahrt!

Jährlich am zweiten Septemberwochenende feiern die Siegener das Altstadtfest mit viel Stimmung, Spaß und kulinarischen Genüssen.

ZUR TALSPERRE /// 57250 NETPHEN ///
WWW.SIEGERLAND-WITTGENSTEIN-TOURISMUS.DE ///

TRINKWASSERRESERVOIR UND NATURPARADIES

Netphen – Obernautalsperre

62

Etwa neun Kilometer nordöstlich von Siegen, an den Südausläufern des Rothaargebirges, liegt die Obernautalsperre. Aus geologischen Gründen war Wasserknappheit in der Region schon immer ein Thema. Bis in die 50er Jahre des 20. Jahrhunderts hinein kam es zu Typhusepidemien durch verschmutztes Wasser. 1967 begann der 1953 gegründete Wasserverband Siegen-Wittgenstein mit dem Bau der Obernautalsperre, 1972 wurde sie eingestaut, im Jahre 1973 das erste Mal Trinkwasser entnommen. Heute versorgt sie etwa 300.000 Menschen.

Die Obernautalsperre besticht durch ihre einzigartige Lage: die Umgebung ist nahezu unbewohnt, waldreich und von reizvoller Schönheit. Ein knapp zehn Kilometer langer Rundweg wird von Wanderern, Joggern, Radfahrern und Inlineskatern aller Altersgruppen gern genutzt. Eine ideale Tour für Familienausflüge. Das wollen wir nutzen. Zunächst geht es über den Damm: Angesichts der beeindruckenden Höhendifferenz zwischen dem Wasserspiegel und dem Örtchen Brauersdorf, das unterhalb der Staumauer liegt, kann einem schon einmal das ein oder andere Katastrophenszenario in den Sinn kommen: Doch der Siegen-Wittgensteiner Wasserverband garantiert selbst bei sintflutartigen Regenfällen absolute Sicherheit. Ein umfassendes Sicherungssystem sorgt dafür, dass hier nichts überschwappen kann.

Um Sicherheit und Qualität zu gewährleisten, sind die Mitarbeiter ziemlich in die Pflicht genommen. 330 Stufen laufen sie fast täglich den Entnahmeturm hinauf und herunter, der von seiner Gründungssohle bis zum Dach 70 Meter (!) misst. Damit ist er höher als der Turm der Nikolaikirche mit dem Krönchen, das es bis zur Spitze nur auf 56 Meter bringt. Im Entnahmeturm befinden sich Sicherungssysteme für Hochwassersituationen und Einläufe für Trinkwasserentnahmen. Die Trinkwasseraufbereitung erfolgt schließlich in der sechs Kilometer entfernt gelegenen Trinkwasseraufbereitungsanlage. Doch genug der Theorie, sonst schaffen wir unsere Radtour rund um den See nicht mehr.

☞ Ein ideales Ausflugsgebiet für Inliner, Wanderer, Radfahrer und Jogger.

WALDINFORMATIONSZENTRUM FORSTHAUS HOHENROTH ///
57250 NETPHEN /// 0 27 37 / 21 78 60 ///
WWW.WALDLAND-HOHENROTH.DE ///

EIN GEHEIMER PFAD, DER IN DIE SEELE FÜHRT

Rothaargebirge – Seelenpfad

63

›Wenn man in einen Wald eintritt, so ist es, als trete man in das Innere einer Seele‹, formulierte einst der Schriftsteller Paul Claudel – ein Gedanke, der auch dem Seelenpfad zugrunde liegt. Forstdirektor Diethard Altrogge und seine Tochter Greta schufen diesen ›geheimen‹ Pfad, auf dem sich der Besucher vom Wald berühren lassen kann. Wer hierher kommt, soll das Naturerlebnis genießen dürfen – mit allen Sinnen.

Kein Hinweisschild, keine Richtungsweiser – erwartungsvoll folgen wir einem Trampelpfad durch leicht abfallendes Gelände. Tatsächlich: Bald stehen wir vor einem großen Tor, auf dessen Querbalken das Wort ›Seelenpfad‹ eingebrannt ist. ›Mögen alle, die ihn gehen, sich angerührt fühlen von den Bildern des Lebens und des Sterbens, die er ihnen erschließt‹, heißt es zur Begrüßung. Wir möchten uns anrühren lassen und folgen dem Pfad in die Waldeinsamkeit. Durch Nadelwälder und Lichtungen, Mischwald und Laubwald schlängelt sich der Weg, wir entdecken Baumriesen und sprossenzarte Schößlinge, totes Holz und aufkeimendes Leben. Ein Märchenwald – geheimnisvoll, magisch. Dieser Duft! Und welch wonniges Gefühl, auf dicken Nadelpolstern zu laufen! Auch das Zwitschern der Vögel tut wohl, das Summen der Bienen im jungen Buchenhain. Hier spüren wir sie, die geheimnisvolle Kraft des Waldes, von der auch Robert Musil gewusst hat. ›Leg dich an einem schönen oder auch windigen Tag in den Wald, dann weißt du alles selbst‹, empfiehlt er am Wegesrand. Wir begegnen noch vielen weiteren Weisheiten, und die Stille lässt uns Raum, darüber nachzudenken. Irgendwann wird das Gelände moorig, wir erreichen den Ederbruch, wo der Pfad nach knapp vier Kilometern endet. Zurück geht es über einen Schnellweg, von dem wiederum der Kyrillpfad abzweigt. Wer noch Puste hat, sollte sich auch diesen Gang nicht versagen. Die ungeheure Wucht der Zerstörung, die der Orkan im Januar 2007 anrichtete, zeigt sich hier eindrucksvoll, aber auch die Selbstheilungskraft der Natur: Bilder des Lebens und des Sterbens – nicht nur auf dem Seelenpfad.

Das Waldinformationszentrum Forsthaus Hohenroth veranstaltet geführte Wanderungen auf dem Seelenpfad. Hier findet sich auch eine Wegbeschreibung für diejenigen, die allein gehen möchten.

WALDINFORMATIONSZENTRUM FORSTHAUS HOHENROTH ///
57250 NETPHEN /// 0 27 37 / 21 78 60 ///
WWW.WALDLAND-HOHENROTH.DE ///

VON HIRSCHRUFERN UND WALDMUSIK

Netphen – Forsthaus Hohenroth

64

Auf der Wasserscheide von Rhein und Weser, an der Kreuzung zweier uralter Handelswege – der Eisen- und der Kohlenstraße – erbaute die königliche Revierförsterei im Jahre 1854 ein Forsthaus mit Stallungen. Auf 640 Metern über NN ist die Försterei im südlichen Rothaargebirge noch heute das höchstgelegene bewohnte Haus im Siegerland. 2001 wurde das Gebäudeensemble zu einem Informationszentrum für Waldwirtschaft, Naturschutz und Waldbegegnung umgestaltet.

Heute ist das ehemalige Forsthaus eine Begegnungsstätte für alle Naturinteressierten, im Zentrum der Aufmerksamkeit steht der Wald in seiner ganzen Vielfalt: Heimat für unzählige Lebewesen ist er, Existenzgrundlage und kostbares Wirtschaftsgut, aber auch wertvoller Erlebnisraum für uns Menschen: Seine urwüchsige Kraft nährt Körper, Geist und Seele.

Vielfalt findet sich auch rund um das Informationszentrum, das vom Regionalforstamt Siegen-Wittgenstein im Landesbetrieb Wald und Holz NRW in Kooperation mit dem Verein Waldland Hohenroth betrieben wird: Genial einfach, einfach genial beispielsweise das Baumstamm-Mikado-für die Kleinen – Kletterspaß garantiert. Die überdachte Aussichtsplattform auf dem Pirschpfad verschafft Fußgängern wie Rollstuhlfahrern einen freien Blick auf das 43 Hektar große Wildgehege. Zahlreiche Rundwanderwege zu verschiedenen Themen bieten allen Gästen Erholung und ein hautnahes Walderlebnis.

Vielfältig auch das Veranstaltungsprogramm, das sich sehen lassen kann: Motorsägenlehrgänge für Frauen, Eintopfwanderungen, Exkursionen für Menschen mit eingeschränkter Mobilität oder ›Musik im Wald‹, um nur einige zu nennen. Originell und ziemlich speziell die Hirschbrunftwanderungen mit dem mehrmaligen deutschen Meister im Hirschrufen, Tasso Wolzenburg. Wunderbar auch die Idee des Waldland-Salons, in dem Interessierte mit Fachleuten über ein aktuelles gesellschaftspolitisches Thema diskutieren – spannende Abende mit Charme und Biss garantiert. Und wer gleich dableiben möchte, kann sich in der Ferienwohnung im Forsthaus einquartieren.

Fürs leibliche Wohl sorgt das von Carmen Sting und Sandra Six betriebene Café Waldland.

DIE EISENSTRASSE IST TEIL DER L 722 IM KREIS SIEGEN-WITTGENSTEIN. ///
TOURISTIKVERBAND SIEGERLAND-WITTGENSTEIN E. V. ///
KOBLENZER STRASSE 73 /// 57072 SIEGEN /// 02 71 / 3 33 10 20 ///
WWW.SIEGERLAND-WITTGENSTEIN-TOURISMUS.DE ///

VON EISEN, ERZ UND ACHSENBRUCH

Rothaargebirge – Eisenstraße

65

Schon vor über 2600 Jahren reisten die Kelten über den Kamm des Rothaargebirges. Auch im Hochmittelalter, während der Blütezeit der Siegerländer Eisengewinnung, herrschte reger Verkehr auf dieser bedeutenden Handelsroute. Im 18. Jahrhundert wurde sie als Kunststraße angelegt mit teilweise schnurgeradem Verlauf und gewölbter Steindecke, die das ganze Jahr über trocken und somit leichter befahrbar ist.

›Einst zogen zwei- oder vierspännige Planwagen mit Kaufmannsgut, Pferde- und Ochsenfuhrwerke mit Eisen und Holzkohle geruhsam auf den schlechten Straßen durch das Land. Das Knarren der Räder, der Knall der Peitschen, die Klänge des Posthorns und – nicht zu vergessen – die lauten Flüche des Fuhrmanns, wenn sein Wagen sich wieder einmal in einem Straßenloch festgefahren hatte oder gar die Achse gebrochen war, gaben eine geradezu harmonische Musik, verglichen mit dem, was unseren Ohren heute geboten wird‹, beschreibt Hermann Böttger im Siegerländer Heimatkalender aus dem Jahre 1959 das Treiben auf den alten Straßen.

Auf der historischen Eisenstraße bekommen unsere Ohren heutzutage vergleichsweise wenig geboten, andere Eindrücke nehmen wir dafür reichlich mit: Auf über 650 Höhenmetern verläuft die einst bedeutende Handelsroute teils schnurgerade durch die Einsamkeit. Hier atmen wir Bergluft, hier pfeift der Wind, hier spüren wir, wie es gewesen sein muss, sich auf Reisen durch Nebelbänke, Eisregen und Schneestürme zu kämpfen. Bis zu einem halben Jahr können die Winter dauern, Temperaturen von -15 Grad und darunter sind keine Seltenheit. Und auch heutzutage zeigen sich hier die Naturgewalten: Erst im Januar 2007 hinterließ Orkan Kyrill eine noch immer deutlich sichtbare Spur der Verwüstung.

Beim Blick von der Schönen Aussicht, jenem Aussichtspunkt, der seinen Namen nicht von ungefähr trägt, bekommen wir ein Gespür für die ungeheuren Entfernungen, die damals zurückgelegt werden mussten – im Schritttempo und der Witterung ausgesetzt. Heutzutage bietet sich die Eisenstraße eher zum Radeln an – bei gutem Wetter, versteht sich.

Die Eisenstraße ist ein Teil der Landesstraße 722 im Kreis Siegen-Wittgenstein und verläuft entlang der Stadtgebiete von Hilchenbach, Bad Laasphe und Netphen.

L 722 (EISENSTRASSE) NAHE KREUZUNGSPUNKT L 719 ///
OBERHALB VON WALPERDORF /// 57250 NETPHEN ///
WWW.ROTHAARSTEIG.DE ///

ALLEM ANFANG WOHNT EIN ZAUBER INNE

Rothaargebirge – Siegquelle

66

Knapp 160 Kilometer sind wir dem Fluss von seiner Mündung her gefolgt und befinden uns nun im südlichen Rothaargebirge, in der Nähe des Ortes Walpersdorf, genauer gesagt: auf der Sonnspitze am Nordwesthang des Jägerhains. Hier, in einer Höhe von gut 600 Metern, inmitten tiefster Wälder, entspringt die Sieg. Die ummauerte Quelle liegt direkt an der historischen Eisenstraße. Wasser gibt es hier allerorten: Ganz in der Nähe befinden sich auch die Quellen von Eder und Lahn.

Allem Anfang wohnt ein Zauber inne – auch wenn sich bei mir die Verzauberung angesichts des Rinnsals, das aus dem Mäuerchen quillt, nicht sofort einstellen will. »Meistens kommt mehr«, versichert mir ein Biker, der ebenfalls Geduld braucht, bis seine Trinkflasche gefüllt ist. Aber fangen wir nicht alle mal klein an? Ohnehin ist es eher das Umfeld, das hier bezaubert. Nicht von ungefähr ist die Quelle ein Knotenpunkt, verschiedenste Wanderwege kreuzen sich hier, und von der Eisenstraße weht der Hauch der Geschichte herüber.

Bezaubert hat mich vor allem auch der Walderlebnispfad Siegquelle, der nur wenige Meter entfernt seinen Anfang nimmt. Die einzelnen Stationen sind für Kinder konzipiert, aber warum sollten Erwachsene beim Balancieren über den Stacheligel oder beim Rindenfühler nicht ihren Spaß haben? Originell auch die Idee der Quellbrille, die den Blick für die Flora und Fauna der Baby-Sieg öffnet, einfach schön die Naturwaldzelle Grauhain, ein Rotbuchenwald mit altem Baumbestand, bei dem nicht mehr der Mensch, sondern ausschließlich die Natur Regiment führt. Durch ein fest installiertes Fernglas können wir sie dabei beobachten. Noch ein paar Saiten auf der Waldgitarre gezupft, die Waldmöbel des streckenweise parallel verlaufenden Rothaarsteigs auf Bequemlichkeit getestet (so lässt es sich aushalten!), und wir gelangen wieder zum Ausgangspunkt unserer Wanderung zurück. Mit anderthalb Stunden ist die Strecke angegeben. Menschen mit einer Körpergröße von 1,10 Metern aufwärts dürften die Runde in der Hälfte der Zeit schaffen.

In Nenkersdorf im jungen Siegtal, unweit des Quellgebiets, steht eine im Jahre 1240 (!) erbaute Wassermühle, die noch heute ihren Dienst tut und besichtigt werden kann.

REGISTER

BILDNACHWEIS

Sofern hier nicht erwähnt, stammen die Bilder von der Autorin.

14, 20 Chris Zeilfelder, Königswinter; 16,18,30,36, 42, 44, 46, 60, 80, 102, 104, 106, 114, 130, 140, Rückumschlag Günter Schmitz, Lohmar; 26 Zur Siegfähre, Troisdorf; 28 Kat Menschik / Museum Burg Wissem, 2008; 32 Aggua Troisdorf; 34 Gerd Stöcker, Troisdorf; 38 Projekt Natursteig Sieg, Siegburg; 52 Tonfolgen Bonn, Jan Bienert; 48, 54, 68, 78 Stadt Siegburg; 56 Gasthaus Sieglinde, Hennef; 58 THesIMPLIFY und Yuri Arcurs / fotolia.com; 62 Delta Club Rheinland, Andreas Roßrucker; 76 KulturKaffee-Restaurant Klösterchen, Eitorf; 82, 118 Frank Albrecht, Windeck; 84 Heinz Schumacher, Ruppichteroth; 86 Ira Schneider, Food-Styling: Margret Wehning/Ira Schneider; 90 Tonfolgen Bonn, Sebastian Frankowski; 92 Gemeinde Windeck; 116 Arno Specht, Marl, 120 Gasthof Willmeroth, Windeck; 122 Grube Silberhardt, Dieter Westerweller: 124 Karin Braun, Windeck; 136 Café Der Garten, Wissen; 142 Südwestfälische Freilichtbühne Freudenberg, Hans-Jürgen Kochan; 144, 146, 178,184 Jutta Grote, Siegen; 150 Kuchenschlösschen, Kirchen; 152 DJH Lvb Westfalen-Lippe; 158,180 Astrid Blank, Berlin; 162 Foto Astrid Blank, Berlin © Diana Thater; 164,166 Stadt Siegen

HOCHSPANNUNG
AUS DEM SIEGTAL
GMEINER

»Ein literarischer Roadtrip durch die Provinz!«

Ein scheinbar alltäglicher Auftrag entpuppt sich für Privatdetektivin Johanna Schiller als brandgefährliche Angelegenheit: Während sie in Sachen ehelicher Untreue ermittelt, wird sie Zeugin eines angekündigten Doppelmordes. Kurz darauf entdeckt sie eine Leiche im Kofferraum ihres Wagens – aus der Jägerin Johanna ist eine Gejagte geworden. Hals über Kopf flieht sie aus ihrer Heimatstadt Siegburg ins Siegtal, doch ihre Verfolger sind ihr dicht auf den Fersen …

Michaela Küpper
Wildwasserpolka
978-3-8392-1431-2

ENTDECKEN SIE WEITERE LIEBLINGSPLÄTZE!

Liebevoll ausgestattete Reiselesebücher mit individuellen Tipps, die Lust aufs Entdecken und mehr machen.

ISBN 978-3-8392-1166-3

ISBN 978-3-8392-1357-5

ISBN 978-3-8392-1255-4

ISBN 978-3-8392-1365-0

ISBN 978-3-8392-1170-0

ISBN 978-3-8392-1283-7